历史是扩充心量之学

王汎森 著

Simplified Chinese Copyright © 2024 by SDX Joint Publishing Company.
All Rights Reserved.
本作品简体中文版权由生活·读书·新知三联书店所有。
未经许可,不得翻印。

图书在版编目(CIP)数据

历史是扩充心量之学/王汎森著. —北京:生活·读书·新知三联书店,2024.5(2024.7重印)
(乐道文库)
ISBN 978-7-108-07536-9

Ⅰ.①历… Ⅱ.①王… Ⅲ.①史学-文集 Ⅳ.
①K0-53

中国版本图书馆CIP数据核字(2022)第196568号

责任编辑	王婧娅
特约编辑	周 颖
封面设计	崔欣晔
责任印制	洪江龙
出版发行	生活·讀書·新知 三联书店
	(北京市东城区美术馆东街22号)
邮 编	100010
印 刷	上海雅昌艺术印刷有限公司
排 版	南京前锦排版服务有限公司
版 次	2024年5月第1版
	2024年7月第2次印刷
开 本	889毫米×1092毫米 1/32 印张 5.375
字 数	116千字
定 价	55.00元

目　录

序 · 001

导言　我们不可能取消前一刻 · 001

第一章　日常生活中的"历史思考" · 011
"未来"的不透明性 · 013
软、硬律则 · 019
培养长程与全景的眼光 · 030
把握历史发展中的"风势" · 037
历史点染人生的作用 · 044
"历史"的鉴戒作用 · 046

第二章　日常生活中的"历史意识" · 051
"没有历史的人" · 053
"可能性知识"的价值 · 056

"重访"历史以开拓各种认识的可能性 · 069
"在心上的"与"在手上的" · 076

第三章　历史与个人生命的模式 · 087
"性格与历史" · 090
历史中的典范人物 · 102

第四章　如何读史？——从"读者"角度出发的观点 · 107
"观其得失而悟其会通" · 109
"读者对话论" · 118
读史与关键时刻 · 123
读史要能"大出入" · 128
"关联"与"呼应" · 137

第五章　历史是一种扩充心量之学 · 141
读史与"心量"的扩充 · 143
试着从历史中获得智慧与勇气 · 155

序

从20世纪初以来,对于什么是历史、什么不是历史,有过相当精彩的讨论。1902年,当梁启超掀起新史学革命时,反复强调的是"自动者"才是历史,"他动者"不是历史。[①] 另外,在《新史学》中,他区分"历史学"与"天然学",认为历史是叙述进化之现象的:"何谓进化?其变化有一定之次序,生长焉,发达焉,如生物界及人间世之现象是也。""天然学"研究的是"循环者,去而复来者也,止而不进者也","天然学"是"非历史"的。[②] 在西方,20世纪的英国史家柯林伍德(R. G. Collingwood, 1889—1943)主张,凡有思想的行动是历史的,没有思想的便是非历史的,所以柯林伍德有一句名言:"一切历史都是思想的历史。"

但是现代史学界对上述的看法已经有所不同,"自然

---

① 梁启超,《中国史叙论》,《饮冰室文集》(台北:台湾中华书局,1983)第三册,页1。
② 梁启超,《新史学》,《饮冰室文集》第四册,页7。

界"是不是就一定如梁启超所说那样，今日如此，明日亦如此，而没有历史；历史是不是一定是"思想的历史"？人们对这些问题开始有了不同的想法。在迪佩什·查卡拉巴提①（Dipesh Chakrabarty, 1948年生）的"The Climate of History: Four Theses"一文中，他批评了黑格尔（G. W. F. Hegel, 1770—1831）、柯林伍德（他不知道梁启超的说法）以降，区分"历史的"与"自然的"观点。他说，因以人类为主的意识过度夸大，如地貌的急遽改变、生态环境的快速变迁，使得自然界不再是"昨日如此，明日如此"，故自然也有了历史，太过膨胀的"人定胜天""戡天役物"，造成自然界的变化。

从"乐道文库"中的若干主题，如"环境史"，我们可以发现过去梁启超等人可能认为是"自然的"而"非历史的"范畴，如今变成历史的一部分：这种变化非常广泛，使得历史的范围一步一步加宽，当我们在讨论历史与现实的关系时，也不能不正视这个变化。过去史学的一些拿手好戏，包括人物的、政治的、制度的、事件的、兴衰的、国族的历史，很不幸，都不再是专业史家关心的重点。现代史学虽然对人物的历史失去兴趣，但失之东隅收之桑榆，史学界对无名者的历史、过去没有面目者的历史、被压抑者的历史、过去不被注意的历史

---

① 为方便大陆读者，本书外国人名、地名参考公开出版物，统一使用大陆常见译名。——编者注

等，有了前所未有的兴趣，这是新史学的重要面目。

历史的范围不断扩大，而且愈来愈包括没有个人意志，或个人意志不直接表现在史事上的历史。那么传统史学中那种宏大的鉴戒观，或"历史作为人生导师"那种在很大程度上建立在人与历史的直接关系上的"史用学"，现在是不是失效了？本书秉持"在史中求史识"（陈寅恪）的态度，倾向于认为各种形态的历史都可能提供我们意想不到的资粮。古人每每希望在特定的事情上得到前史的启示，但我想强调：相对于历史可以帮助我们在特定事情上成功，我更强调的是读史如何提升人们整体的心智能力（"心量"）。这本小书便是试着针对这个课题所进行的一点尝试。

2016年，罗志田兄提议编写一套"什么是XX学"，作为公民修养丛书。这套丛书的核心概念是想讨论各种人文学科的近况，其中当然包括不少历史方面的书，我的这本小书则权充历史方面的"引论"，讨论如何将历史知识引到与人生发生关联的路上。本书的内容曾先后在诸多讲座中讲过，如东海大学的"吴德耀人文讲座"、北京大学文研院的讲座、成功大学的"成功人文讲座"等等，在这里要特别谢谢这些单位。原本我有将讲座内容整辑成文的义务，但我都未能交差，也都得到了主办单位的谅解。如今这本小书的完成，正是我向它们缴交成果的时候。如果没有罗志田兄的催促，这本小书是绝不可能写成的。由于本书原先是演讲稿，所以未能处处详注，希望读者谅察。在整理成书稿的过程中，王健文教授、谭徐锋博士、蔡锡能先生、陈昀秀女士都曾惠予协助，谨此致谢。

最后我要强调："历史与人生"是一道非常复杂的习题，本书中的观点，只是其中几个侧面而已，这是不能不特别在此郑重声明的。

导 言

我们不可能取消前一刻

历史比小说动人。有哪位小说家能编出恺撒的故事呢?*

历史这门学问有很长远的根源。在世界众多民族之中,中国是特别重视历史的民族,印度则是特别不重视历史的民族。所以印度佛经里面,即使讲历史,也仅是大象从水里浮出来,背着典册,历史从此就开始了。但中国文化特别重视历史,自古以来史书就非常多,连小说都要写成像历史的样子,譬如《牡丹亭》,一开始就要先说宋代南安太守如何如何。

西方不像中国那么重视,但也不像印度那样轻视历史。不过希腊、罗马以来的史学,与中国正史的写作风格不太一样。

捷克汉学家普实克(Jaroslav Průšek,1906—1980)

---

* 这是我改写自 Margaret MacMillan, *The Uses and Abuses of History* (London: Profile Books Ltd., 2009)的句子。

曾提到过，西方史学的书写方式受史诗的影响，故其历史叙述，从开始便好似有一条线索将众史实绾合在一起，形成一条高度同质的史实大河（a homogeneous stream）。① 中国正史的书写方式区分为本纪、世家、书、表、列传，就好像一个一个不同的格子，贮存着不同的历史，形成种种的"格套"。普实克在这篇文章中是想为中国历史辩护，认为它们比希腊、罗马的史学高明。事实上是否如此，则是见仁见智。

早期美索不达米亚文化中，"预言"与"历史"是一对孪生兄弟，而且二者经常是掌握在同一批人手中。美索不达米亚的卜辞是预言未来的"参考资料库"，愈详细愈好，好像法官判案时，所根据的判例愈完整、愈详细愈好。但这是一种以"征象"的重复性来决定未来可能怎样，譬如：如果鸡的内脏是这样，那国王已经攻下城池了；如果是那样，则国王正在攻城。② 我个人以为，殷墟卜辞储存成仓库，且似有人看守，卜辞的文句又与《春秋》甚为相近，恐怕也反映了"预言"与"历史"的一体性。如果读史可以扩充心量，那么一如美索不达米亚卜辞库的丰富规模，或如大数据的样本数，则掌握

---

① Jaroslav Průšek, *Chinese History and Literature: Collection of Studies* (Dordrecht: Reidel, 1970), p. 23.
② Francois Hartog, "The Invention of History: The Pre-history of a Concept from Homer to Herodotus", *History and Theory* 39: 3 (10. 2000), pp. 384 – 395.

"或然率"的比例较高,也就比较容易把握"未来"。

本书讨论的不是"史学研究",而是"历史与人生"这个严肃的主题。当我投入历史这个行业时,历史与现实、历史与人生的关系,似乎还比较容易回答,但后来史学与现实俱变,使得这个问题变得愈来愈难回答。

我想先检视三种很有影响力的观点。第一,尼采(F. W. Nietzsche, 1844—1900)曾经用异常凶悍的笔调写过一本小册子《历史对于人生的利弊》(*The Use and Abuse of History*),他用了许多尖刻的话来形容"历史的疾病",意思是人们如果读了太多历史,会被过度的"历史重负"压得直不起身子来,变成早熟灰暗的青年,这种病的解药是"破历史"与"超历史"。尼采认为只有服务于人生的历史才是真正的历史,文明的包袱越少越好,他抗议学习太多的历史只是加重人身上的负担。① 第二,因为许多史家刻意迎合当代的需求(如国族认同)或当代的渴望,写出来的历史变成了现代社会的翻版。就像在一个情报局中,情报员所收集的材料太想迎合局长的偏好,以致所搜集的情报变得毫无用处,历史成了"活人在死人身上玩弄诡计"。第三,人类始终有一种古老的期望,期望能够借由阅读历史获得像占星家般预测未来的能力。近代史学的发展虽然早已摆脱这种思

---

① 尼采著,姚可昆译,《历史对于人生的利弊》(北京:商务印书馆,1998),页3—6、8—11。

维，但是一般的历史阅听者却仍然渴切地想找到这方面的指引。事实上，人类世界与自然世界最大的不同而又同样精彩之处，即在于其无限可能性及不可定律性。当人们模糊地感觉到他们已经走到一个尽头、变不出什么新花样时，下一代人却马上翻新出奇、另进一境。人的无限性、复杂性及创造性即展现在这些地方，所以历史中不可能有像地心引力那般精确的规律。

英国史家亨利·巴克尔（Henry Buckle, 1821—1862）的《英国文明史》（*History of Civilization in England*），曾经试着导出一些规律，即当气候、物质条件变化时，人的出生率、自杀率、离婚率会呈现何种变化；巴克尔曾经风靡一时，可是后来渐渐被抛弃，可见要在历史中建立某种定律是近乎不可能的。话说回来，虽然牛顿从苹果落地悟出地心引力的规律，却不能预测苹果将于何时何地掉落下来。

此外，在现代的史学研究中，历史不但没有规律也不会重演，人们认为过去历史有现实用处时，常有一个不言自明的假设即历史会重演。例如1936年，陈登原写过一本小书《历史之重演》[①]，用许多古往今来的事例，说明历史会重演。但是如果我们仔细玩味书中所举的大大小小事例，会发现有许多在今天看来是荒谬无稽，或

---

① 陈登原：《历史之重演》（上海：商务印书馆，1937）。

勉强之至的事，是书从古今事例中归纳出的种种"例"，大多是令人不安的。尤其是当人类生活的改变一日千里，硬性意义下的"重演"也就更不可能，使得要从过去事件中推出可用的教训，变得愈来愈难，所以"过去"与"现在"之间的关系变得愈来愈稀薄。

所以不少人直接宣扬"历史无用"论。1969年，普勒姆（J. H. Plumb, 1911—2001）的一本小书 *The Death of the Past*，便宣称历史的死亡，主要是说学院化的历史不再有任何现实的用处。作家伍尔夫（Virginia Woolf, 1882—1941）说："找史学家来帮忙总是一件不幸的事。""那些愚蠢可笑的历史学家。"[1] 巴巴拉·塔奇曼（Barbara W. Tuchman, 1912—1989）便以她引用研究西班牙内战发展的著作为例，说明历史几乎没有办法直接地预测未来。[2]

回顾过去近一个世纪的史学发展，人们经常感到：专业史学的进步与历史对日常人生的导引往往形成反比。何以历史变得没有明显的用处，我认为有两部分的原因：一、传统史学以及近百年来史学的典范逐渐失去

---

[1] "It is always a misfortune to have to call in the services of any historian." "Bloody fools, these historians." David Hackett Fisher, "The Importance of Thinking Historically", in Stephen Vaughn ed., *The Vital Past: Writings on the Use of History* (Athens: University of Georgia Press, 1985), p. 387.

[2] Barbara W. Tuchman, "Is History a Guide to the Future", in Stephen Vaughn ed., *The Vital Past: Writings on the Use of History*, pp. 296 - 301.

笼罩力；二、当代史学发展中的若干层面，把历史与人生拉得愈来愈远。相较于传统派史学或左派史学因为明火执仗地鼓吹某些价值或指出未来的方向，现代专业史家恐怕需要从一个全新的角度重新思考一些被丢掉将近一个世纪的老课题——历史对人格的培养、对价值及方向的引导、对治乱兴衰的鉴戒作用等。

但是，历史就归于无用了吗？事实上，传统史学强调"以史为鉴"，历史的功能以及历史与人生、现实之间的关系是不言自明的，但是在客观考证史学兴起之后，它变成了一道难以解决的课题。然而，人注定是历史的动物，人之所以为人在于他虽不能取消前一刻，却能超越前一刻，否则孔子、孟子等人的出现便不能完全解释了，甚至于家族中六百年来没有人中过任何科名的曾国藩，也没有办法完全解释了。人即使能超越前一刻，也还是活在整个古往今来的历史之中，所以在超越前一刻之前，仍然得好好了解前一刻，就像看电影不能只看最后那一幕，人也不能满眼只是现在。所以，了解"历史"与"人生"、"历史"与"现实"是一道不可能推却的习题。

为了应对上述的悲观论调，我想提出"历史是扩充心量之学"的观点。为什么说读史可以扩充"心量"？譬如说看到历史上伟大人物的成就，因而希望向他看齐，不以眼前的自己为满足，希望达到一个更远大的人生目标,即是以史来扩充"心量"。譬如说借着读史不断地积贮内心中的资粮,使得思考、应事时有更多凭借,即是以史来扩充"心量"。也就是说把人的内在世界想象成一个空间,平日就不断地开拓它、充实它,使它日渐广大,不至于心量浅陋,甚至收缩成一道扁平的细缝。

如果把历史作为扩充(既扩又充)"心量"的资粮,自然而然便有"用"在其中。我们要积贮各种知识、经验来扩充"心量",积贮的内容可以是各式各样,而历史知识是其中很重要的一部分。一个心量广阔充实的人,立身、应事,志量视野都比较宽大,而且因为资源丰富,便自然而然地得到用处。如果心量过狭或心中没有积贮,即使是天资非常高的人,其深度、广度都很有限,只能靠着一些天生的小聪明(street smart)来应事。

第一章

日常生活中的"历史思考"

"未来"的不透明性

以下我们要试着从比较有迹可循的部分讨论历史对现实可能的益处。首先要谈"未来"的不透明性。我在《中国近代思想中的"未来"》①一文中曾对近代中国思想史中所认为的"未来"样态进行过论述,尤其是在"社会发展规律"影响下,"未来"变得更为明确。"社会发展规律"曾经受到各方面的攻击,卡尔·波普尔《历史定命主义的谬误》及以赛亚·伯林的《历史的不可避免性》都是。然而,"未来"真的是确定的吗?几十年前,我所看过的一篇漫画中,想象未来送信最快的方式是一架直升机停在每家门口,没想到后来竟然出现了 E-mail。

"未来"是没有地图的旅程。譬如"新冠病毒"初起

---

① 王汎森,《中国近代思想中的"未来"》,收入方维规主编,《思想与方法:近代中国的文化政治与知识建构》(北京:北京大学出版社,2015),页5—22。

时CNN有名的一句话:"Nobody knows what's happening."1951年,哲学家迈克尔·奥克肖特(Michael Oakeshott, 1901—1990)曾经有一段名言:"当人在从事政治行为时,就仿佛在一个无垠无界、深邃无底的海洋上航行。在此海上既无港湾以资屏蔽,亦无浅滩可供下锚;航行既无起点更无目的。一切所努力者仅求平稳地漂浮着。这海不但是朋友,亦是敌人;而此际航行的要领乃在于利用我们所享有的传统中所蕴含的资源与启示,来克服每一个惊惧危疑的时刻。"① "未来"是在一个无垠无界、深邃无底的海洋上航行,即使是拥有全世界最强的情报及资讯系统的美国总统特朗普,在疫情开始时的认知、决定,也像是一只胡乱摆荡的风向鸡,或是一艘仪表板全都坏了的海上孤舟。他一开始一再强调这只是像一般流行性感冒一样,不用惊慌,之后每天一变。BBC(2020.04.03)便整理出一个影片告诉世人,特朗普多像一叶航向茫茫大海的孤舟。

奥克肖特也说,如果以自然科学的方式来衡量,史学是无用的。现代人因为受到自然科学与社会科学的影响,认为有用的知识要带有"律则"(law)的性质,但是如果人们在茫无所知的未来中,想要拥有一些"资

---

① 原文见 Michael Oakeshott, "Political Education", in *Rationalism in Politics and Other Essays* (London: Methuen, 1962), p. 127. 此处中译参考陈思贤著,《西洋政治思想史·英国篇》(台北:五南图书出版公司,2006),页109。

源"、"暗示"(implication)或"线索",则非求助历史不可,如奥克肖特所说:"政治就是追寻传统中的暗示。"①克劳塞维茨(Carl Philipp Gottfried von Clausewitz, 1780—1831)曾表示,战争是一个非线性的行为,故能预测的部分是有限的,但这并不表示人们不可借由对历史的了解,而对千变万化的战场实况得到某些预示。历史虽不重复自己,但不表示不会有类似的情景发生。②不是"要"如何,而是"可能"如何;不是"应该怎么做",而是"可以怎么做"。卡尔在《历史是什么》中提到当时史学并不热心"规律",因此也不认为可以准确"预言"特定事件,但他仍认为可以预言"普遍"的可能性。③

读史有许多好处。我在电视节目里看过一个印度小孩愿意拿十条鱼买一个故事,就是因为故事有趣。故事所涵带的智慧、情感、美感不一定都是立即有用的,但它们像是空气般到处都是,好像没什么,但人没有空气是活不下去的。听交响乐有什么用?实际上可能没有,但同一首曲子一遍一遍地听,就会产生一种陶冶情操的

---

① Michael Oakeshott, "Political Education", p. 127.
② Colin S. Gray, "Clausewitz, History, and the Future Strategic World", in Williamson Murray, Richard H. Sinnreich eds., *The Past as Prologue: The Importance of History to the Military Profession* (NY: Cambridge University Press, 2006), p. 111.
③ E. H. 卡尔著,陈恒译,《历史是什么》(北京:商务印书馆,2010),页 152。

乐趣。希腊哲人毕达哥拉斯说道德是可以教的,他认为教导的方法有两种:一种是用系统的哲学,一种是告诉你历史故事。最后他选择了后者,因为历史比哲学概念更容易教导一个人的道德。可见自古以来有许多人认为,在人的养成教育上,具体的历史比抽象的哲学更有用。一位现代的中国文人说得好,经书只是一些"准提咒",历史才是"孽镜台"。前者只是几句简单的咒语,而后者是地府的一面石镜,可以照出人们生前所做各种恶事——也就是说历史能帮我们"照出"人类世界的前因后果。[①]

历史也帮助人们塑造根源感、社群认同感、一体感。人类与动物之不同是人类有根源感,譬如孤儿或被领养的小孩想知道自己的身世,这都是一个人立身处世所不能没有的根源感。思古幽情也几乎是人类不可或缺的感情。人们为何要千里迢迢地去看阳关?因为阳关的历史使得这片黄土有了无比的情意,"历史"给"地理"染上了颜色,这是历史的"点染"作用。

1933年,杨绛因家人介绍与钱穆同车从苏州去北京时,经过许多古战场。杨绛回忆火车过了蚌埠后,窗外一片荒凉,没有山,没有水,没有树,没有庄稼,没有

---

① 庚持,《四库琐话》,收入周越然等著,《蠹鱼篇》(沈阳:辽宁教育出版社,1998),页115。按,"庚持"系笔名,即黄裳(容鼎昌,1919—2012)。

房屋，只是绵延起伏的大土墩子。火车走了好久好久，窗外景色不改。我叹气说："这段路最乏味了。"宾四先生说："此古战场也。"经他这么一说，历史给地理染上了颜色，眼前的景物顿时改观。我对绵延多少里的土墩子发生了很大的兴趣。宾四先生对我讲，哪里可以安营（忘了是高处还是低处），哪军可以冲杀。尽管战死的老百姓朽骨已枯、磷火都晒干了，我还不免油然起了吊古之情，直到"蔚然而深秀"的琅琊山在望，才离开这片辽阔的"古战场"。[①] 日本人在餐厅吃一块羊羹时，为什么要强调那是川端康成（1899—1972）吃过的？为什么到巴黎的人，会想去萨特（Jean-Paul Sartre, 1905—1980）常去的花神咖啡厅（Caffé Florian）喝上一杯？历史的点染，使得人们对周围的情境产生了情感与乐趣，这些情感与乐趣能帮助烦闷、忧郁的人，也可能因一卷史书、一首古诗、一首音乐等等，使人从深渊中解脱。我一向主张"无用之用，是为大用"，美感的分享，历史的讲述，可能决定人生的一段缘分，也可能拉近两个陌生的商人而成就一笔生意。

除了前述种种之外，历史同时记录下伟大的事迹，荣耀众英雄，使得人们永远记得他们。当然这也包括记录恶劣、懦弱的行迹，使得人们永远谴责那些人。人们受益于

[①] 杨绛，《车过古战场——追忆与钱穆先生同行赴京》，《杂忆与杂写》（北京：生活·读书·新知三联书店，1999），页96—97。

历史的方式还非常多，有时候是受一个故事、一些人物启发，一些胸怀、一些规模、一些感受、一些观看思考的架构与方式，或者是因着遗物、古迹、遗址，而产生思古之幽情，或与古人一体的感觉、一种认同的能力。

古希腊悲剧有净化人心的作用，读史亦然，历史中的事例使我们意识到内心底层潜伏的思绪，借由历史故事而向外疏导。它也帮助人们形成"自我的了解"（self-understanding），一如戏剧家翁托南·阿铎（Antonin Artaud, 1896—1948）说："它逼使人正视真实的自我，撕下面具；揭发谎言、怯懦、卑鄙、虚伪。它撼动物质令人窒息的惰性，这惰性已渗入感官最清明的层次。它让群众知道它黑暗的、隐伏的力量，促使他们以高超的、英雄式的姿态面对命运。"① 我们的内心是一个共鸣箱，历史撩拨琴弦，人们想看电影，想看故事，即如想看史书。个人常在读史中生起庄严、悲凉的感觉，一如听古典音乐，一方面激发情感，一方面净化内心世界。人们内心像一万盏灯，没有相应的外在促缘（开关-电力），不能加以开启，而历史是开启的动力之一。

当然，对于一般人而言，历史知识更为重要的是充实、享受快乐、知识、美感、教养、认同、情感（来源感、一体感等）。这些是常识，也是人们日常生活中随处

---

① 翁托南·阿铎著，刘俐译注，《剧场及其复象：阿铎戏剧文集》（台北：联经出版事业公司，2003），页30。

感受得到的。

软、硬律则

在相当长的时间里，东西方史学都倾向于认为历史有规律，而规律可以指导现在与未来。但我认为规律有"硬性"与"软性"等各种形式，不能一概而论。另外一个重要面向是，历史是人在时间之流中行动的轨迹，所以历史不但有迹可循，而且具有丰富的现实意义。这两大信念，曾经有力地联结着历史与现实、历史与人生。我曾抽样性地查阅《近九十年史学理论要籍提要》①，其中介绍了近百年来中西史学理论，而上述两个特质，湮没在大部分该书所收的史学理论中。尤其在晚清以来的中国，"文明史""进化""公例""规律"俯拾皆是，而"进化""公例""规律"多少都带有某种或强或弱的暗示："读史可以告知我们下一步怎么走"的意味。

近世西方史学也出现各种不同形式的"规律"或类似的律则性，譬如席卷一时的巴克尔的研究，认为由社会、物质、人口等条件的综合计算，可以算出自杀率、离婚率等。20世纪中叶，引起世界史坛重视的史家汤恩

---

① 刘泽华主编，《近九十年史学理论要籍提要》（北京：书目文献出版社，1991）。

比（Arnold Toynbee, 1889—1975）在《历史研究》（*A Study of History*）中提出许多律则性、"挑战与回应"等，当时便有人嘲讽说他在提倡一种"历史占星术"。

五十多年前，通俗史家威尔·杜兰特（Will Durant, 1885—1981）写了十几册《世界文明史》，后来他还着手写了《历史的教训》（*The Lessons of History*）试着找出历史的某些定律，其中有些说法在我看来仍值得再三致意。譬如"历史教我们文明是合作的产物，所有民族都有贡献"，或说"抗拒改变的保守者和提倡改变的激进者一样重要"。但是其中也有一些在今天看来颇觉不合时宜的，如"道德解放，不全是坏事""史证显示：好政府不民主""战争是历史常态，和平不是""人类的罪恶可能是人类兴趣的遗迹，而非人类堕落的污点""谁生育率高，谁就写历史"。还有，对"一定如何如何"的史学思维一直到几十年前都没怎么变。1964 年史家普勒姆在《人文学科的危机》（*Crisis in the Humanities*）一书中讲到历史的危机时说，寄望历史学家如果能更好地找出定律，即可解除危机。[①]

我将"律则"做了若干区分："强律则""弱律则"、"大律则""小律则"等的分别。譬如马克思的社会发展"五阶段论"是强律则，梁启超早年崇尚历史中的"公

---

① J. H. Plumb, "The Historians' Dilemma", in J. H. Plumb ed., *Crisis in the Humanities* (Baltimore: Penguin Books, 1964), pp. 24-44.

例",也可以说是强律则的信崇者,但后来,梁放弃了"公例"史观,主张读历史可以"观大较"。① 这里所谓的"大较",即一些"trend""pattern"。历史上随着某些史事的发展,每每会形成一些"大较",譬如在纳粹开始威胁到欧洲时,英国政坛有两派意见:一派是"绥靖"政策;但丘吉尔则从英国历史,尤其是他的先人马尔伯罗公爵(John Churchill, 1ˢᵗ Duke of Marlborough)当年对法国的经验,认为应该实行"大联合"(grand alliance),联合欧洲其他国家以对抗希特勒。② 又如征俄,西方历史上不断有人警告过这件事,后来拿破仑征俄失败,而希特勒不顾这一先例,再度征俄,同样惨败。这许许多多的例子可以说明历史中有一些"大较""大势"。社会科学中,也有许多"律则"或"模式",此处不赘。

历史的确有一些"软性的律则",譬如但凡暴虐之政最后终归灭亡。斯特雷耶(Joseph R. Strayer, 1904—1987)教授是美国有名的西洋中古史家,任教于普林斯顿大学,美国中情局局长杜勒斯(Allen Welsh Dulles, 1893—1969)则是普大的学生。冷战时期,杜勒斯常请斯特雷耶到华盛顿去判读美苏对峙时收集到的零碎情报。为什么要找中古史家去判读呢?因为杜勒斯认为中

---

① 梁启超,《历史统计学》,《史地学报》2:2(1923),页1—8。
② J. H. Plumb, "The Historians' Dilemma", in J. H. Plumb ed., *Crisis in the Humanities*, pp. 24-44.

古史家最有能力拼凑这些零碎的资料,然后得到一个大致的轮廓。斯特雷耶教授判读这些情报后,曾大胆推测苏联会在第三或第四代领导人时垮台。斯特雷耶的学生Norman F. Cantor（1929—2004）曾说,美国当时有许多政治分析家都认为苏联犹如铁桶一般稳固,只有斯特雷耶教授透过对零碎情报的判读,认为像苏联这样的集权国家,相信人的能力可以那么高度地计划一切,可能会在第四代领导人手中开始衰弱。后来我逐渐了解,斯特雷耶的判断似乎是来自阿拉伯史家伊本·赫勒敦（Ibn Khaldun, 1332—1406）。赫勒敦认为集权帝国通常从第四代领导人开始没落：第一代领导人知道为什么并晓得要保持能创造光荣的工作水准,并努力维持；儿子辈因为有亲手接触,故从父亲那里学来一手本事；第三代靠模仿维系着所谓的"传统"；第四代则不如前面几代,他们不再具有支撑光荣的品质,而且他们不再想象这一切是因为努力而得来,而认为从一开始就因为他们具有宗族血统。由后来苏联的崩溃,可以看出杜勒斯请一位世界知名的中古史家来判读苏联的情报,是有道理的。①正如 *Modern Strategy* 的作者 Colin S. Gray（1943—2020）后来后悔在书名上用"modern"一字,因为 strategy 是

---

① Norman F. Cantor, *Inventing the Middle Ages: The Lives, Works, and Ideas of the Great Medievalists of the Twentieth Century* (NY: William Morrow and Company, 1991), pp. 261‑262.

指过去如此,现在如此,未来也大致如此的。①

在中国,五四之后左派史学带来了一种刚性的"历史发展定律"观,它的影响力是不可轻估的。从社会发展史中所推出的规律为人们指出一条道路,当时人常见的说法是跟着"历史的轮子前进",其余的便不劳操心了。"社会发展规律"是一个"大小总汇",为宇宙、人生、政治等等发展提供定律,"历史"与"人生"借由"律则"密切地绾合在一起。郭沫若《十批判书》后记的一段话说:"尤其辩证唯物论给了我精神上的启蒙,我从学习了使用这个钥匙,才认真把人生和学问上的无门关参破了,我才认真明白了做人和做学问的意义。"② 清朝的废帝溥仪也在他的自传《我的前半生》中说,在"改造"的过程中"社会发展规律"使他如获至宝,解决了他的困惑及困扰。他说:"我从这里看到什么叫历史,什么叫进化,什么叫道德,什么叫学问,以及中国近百年来失地赔款丧权辱国是什么原因,等等;与过去听到的解释完全不同。有的地方,引起我的怀疑,有的地方又叫我恐惧,有的又令我折服,有的我又似懂非懂。但无论如何,在那些书籍和文件中,总有一个思想抓住了我,

---

① Colin S. Gray, "Clausewitz, History, and the Future Strategic World", in Williamson Murray, Richard H. Sinnreich eds., *The Past as Prologue: The Importance of History to the Military Profession* (Cambridge University Press, 2006), p. 115.
② 郭沫若,《十批判书》,群益出版社,1947年,页408。

这就是承认一切事物的发展变化，有它自己的道理；事情做对做错的标准，就在于符合还是违背这个法则，而这个法则，人是可以了解它的。这也就是所长经常和我们说的：人是可以认识发展的规律的。"① 随着主义时代的没落，上述这种"律则"观亦逐渐褪色。

当"社会发展规律"流行起来之时，历史学主流的"历史考证学派"拒绝接受任何形式的"历史规律"。傅斯年在文章《闲谈历史教科书》中宣称，历史是一种人学，但历史是没有规律的。他说："历史上件件事都是单体的，本无所谓则与例。""人物只得一个一个的叙说……行动只得一件一件的叙说。""因果是谈不定的"，一切史事都是个别的，没有因果定律或例则之类的东西。② "历史考证学派"的宗旨与德国的"历史主义"（historicism）有相近之处，它拥有与德国历史主义相近的若干特色，"所有那些一度看似坚固无比的规范，现在却似乎被关于历史和社会的科学研究扫地出门了，而历史自身开始显现得像是一道没有意义或道德价值的水流"。③ 在这个架构下，"历史"与"人生"之间的关系渐渐脱钩、远离。

卡尔（E. H. Carr, 1892—1982）在《历史是什么》（*What is History*）中专门讨论了"规律"的问题，他说政

---

① 溥仪，《我的前半生》（北京：群众出版社，2007），页435。
② 傅斯年，《闲谈历史教科书》，《教与学》第一卷第四期，1935年10月1日。
③ 格奥尔格·G. 伊格尔斯著，彭刚、顾杭译，《德国的历史观》（南京：译林出版社，2006），页239。

治经济学家似乎获得了格雷欣法则、亚当·斯密的市场法则，"伯克（Burke）求诸'商业法则，这是自然的法则，从而也是上帝的法则'。马尔萨斯提出了人口理论；拉萨尔（Lassalle）提出了工资铁律；马克思在《资本论》序言中声称已经发现'现代社会运动的经济规律'。巴克尔（Henry Buckle）在他的《文明史》（*History of Civilization in England*）结束语中表达了这样的信念：人类事务的进程中'渗透着一条辉煌的原则，这是一条普遍的、不会迷失方向的原则'"。①在卡尔上面所列举的"规律"中，有一些人们还多少在沿用着，但像巴克尔在《英国文明史》中所说的那些规律，如人口、粮食、自杀率或结婚率的关系，或是德国卡尔·兰普雷希特（Karl Lamprecht, 1856—1916）的社会心理研究认为历史有规律，条件相同时，事情一定会照样发生，基本上已经没有人相信了，而且正如陀思妥耶夫斯基不无嘲讽地讲的，即使有规律，人们也会破坏它，使历史不照着规律走。

历史之作用是"察知"，是"意会"到可以如何，而不是"应该"如何，它只给人们一些提示，但绝不给明确的答案。有时是思维的方式或思考某事件可能发展的范围，或是某种思考架构的导引；有时是一种心灵或思考的框架，或是某种情境下的可能性，甚至只是一种气

---

① E. H. 卡尔，《历史是什么》，页 152。

氛、情绪,一种情怀的激励,一种远景。"意会"二字是很有深意的,像伯格森(H. Bergson,1859—1941)所说的"感官与料"(sense data):"那些保存在记忆里的有实用价值的意象,都渗入当前的感官与料之中,不断地增加堆积,如雪球之滚成一大团,所以当前的知觉能够迅速、简便、完整、丰富而有意义。"① 为了评断现在、理解其意义,人在有意无意之间必须与历史上相似的事件做配拟,历史像糖果一样化开融入现在的事势中。按照纯经验主义者,如大卫·休谟(David Hume,1711—1776)的立场,知识是不可能指涉(refer)未来的。我们不应假设我们确定明天太阳会从东边升起,所以没有人事的律则(law),也没有必然性(necessity)。但是与休谟相对立的"常识派"认为,人类过去的经验会建构我们知识的或然性(probability),在"或然率"或"可能性知识"方面,即使是很微小也有意义。

在讨论历史对于人生的可能用处时,我想借用克劳塞维茨讨论战史与战争的框架,他将之区分了六个层级:"律则""指导""范例""相似性""连续性""可对比性"。② 我倾向于将克劳塞维茨的框架分成两组:一组

---

① 贺麟,《亨利·柏格森》,《现代西方哲学讲演集》(上海:上海人民出版社,2012),页38。
② Colin S. Gray, "Clausewitz, History, and the Future Strategic World", in Williamson Murray, Richard H. Sinnreich eds., *The Past as Prologue: The Importance of History to The Military Profession*, pp. 130-132.

是"律则、指导",一组是"范例、相似性、连续性、可对比性",使得在"未来"这个没有地图的旅程中,可以得到一些指引。譬如路易十八、拿破仑、日本都过度膨胀,导致其下场几乎都是一样的。如清代小读书人赵钧在日记中写下:"余观史册,见有一人坏国,而天下均被其患,至有耳不堪闻者。譬如不戒于火,其初仅一星耳,不力加扑灭,延烧莫制。"① 他的观察也近乎规律。历史上横暴、荒淫之君臣,最后下场也大多是相似的,这些几乎可以想成"律则"。这一类的例子不胜枚举,社会科学中便不乏这方面的例证,而熟读历史的人从纷繁万状的史事中多少也可以感知到一些近乎律则的东西。

譬如为了现实的利害考量,对立双方往往会牺牲原先的公义。美国历史学者 David Blight 在 *Race and Reunion: The Civil War in American Memory* 中,历述了南北战争为了黑人人权造成的剧烈冲突,但是最后为了现实的经济问题,只好模糊化,或让渡黑人人权,换取南北合作。② 这种模式在历史上屡见不鲜,几乎成了"律则"。当我们参观波士顿 Salem 城猎女巫的历史时,马上会得到一种省思:历史上,当社会紧张或冲突时,

---

① 温州市图书馆编、陈伟玲整理,《赵钧日记》上册(北京:中华书局,2018),页 59。
② David W. Blight, *Race and Reunion: The Civil War in American Memory* (Cambrige, Mass: The Belknap Press of Harvard University Press, 2001), pp. 381 – 390.

便有寻找代罪羔羊之可能，如纳粹之于犹太人，如麦卡锡主义之于共产党，如特朗普上任后对于南美偷渡移民的做法，与某些特定历史环境中人们为了塑造团结意识，急着在人群中寻找"代罪羔羊"一样。

德国概念史家科塞雷克（Reinhart Koselleck, 1923—2006）强调历史百分之五十会重演，所以他有一套"可能的历史"（possible history）的理论。这个理论有点复杂，此处无法详说，他的意思是在历史发展过程中大致有一些基本元件、形式。而我们可以由这些元件、形式看出"可能"产生的历史。科塞雷克认为法国大革命之后"历史主义"兴起，"历史主义"视所有史学为单个的、一次性的，所以人们没办法从单个、一次性的史事中习得什么，故历史摆脱了人生导师的角色。但他强调可以找到历史的"重复性结构"（repetition of structure）。因为要预测未来，故要掌握历史事象中"重复性结构"的部分，且必须靠"重复性结构"的部分做预期规划与决定。（What must be anticipated is the anticipation of possible repetition.）我们没办法预测特定的事件如何发生，但可以"观察种种事件可能发生的范围"（surveys the scopes of possibility of events）。[1]

---

[1] Reinhart Koselleck, "Repetition in Language and History", *Sediments of Time: On Possible Histories* (California: Stanford University Press, 2018), pp. 165, 158 - 176.

我们可以换个理论来思考此事：我们没办法预测个别的事件，我们没办法预测"9·11"恐怖攻击之后布什总统下一步要做什么；但是可以从架构上看出，美国大概会如何对付恐怖主义。法国年鉴学派大师布罗代尔（Fernand Braudel，1902—1985）提出"长时段"（longue durée）、"中时段"（conjuncture）、"事件"（event）三种时间，他认为"长时段"最有价值。这个区分被许多人所继承，包括科塞雷克也经常区分"长程""中程""短程"，而且认为人类每一刻都处在这三种时间的交织中。他们都认为历史中有三种预先设定的元素，使得"可能的历史"（possible history）得以成立，帮助人们掌握历史。

在这里我要以1949年国民政府的溃败为例说明。我一向认为国民党长期以来在与政权息息相关的三个要素——青年、思想（主义）、媒体（舆论）——中其实都处于劣势，这可以说是"长时段"或结构层面的溃败。"中时段"则可以说是对日战争中严重的消耗及消长。至于"事件"方面，譬如马歇尔、杜鲁门等放弃对蒋介石的支持，或是像吴石、刘斐等人窃取重要的作战计划，造成国民党军队的溃败。这三者不停地交互为用，把其中任何一个环节夸大为左右历史的主轴都会造成误判。譬如希罗多德发现自由人打仗的表现比专制体制下的士兵好，训练有素的士兵打得比未经训练的士兵好——不管后者如何忠义勇烈。拿破仑说上帝总是与大军团结在一起,外交永远是"实力"的延伸等。①

培养长程与全景的眼光

任何一种现代学科都有通识的任务,正如经济学教导人们"经济的思考",历史的任务之一是教导我们在日常生活中进行"历史的思考"。

日常生活中的"历史思考"有几个面相:第一,培养历史想象能力以及对事情的"认知复杂度"。这是人文教育很重要的环节,在经过相当的培养及训练后,能使片段的、枯燥的历史世界在脑海中活起来、亮起来,成为一种鲜活的历史图像。此外,以历史思考来增进我们对于事情的"认知复杂度",更深刻地了解到一切事情皆有复杂的层面,且有时间变化的因素,从而进行比较合情合理的判断。第二,尽可能地对历史事件进行全景式的掌握,包括纵深的及横亘的两个层面。它训练人们避免零星地、孤立地、点状地看历史事件,而倾向于将历史事件理解为一方面是历时性的因果相续,一方面

---

① Williamson Murray, "Thoughts on Military History and the Profession of Arms", in Williamson Murray, Richard H. Sinnreich eds., *The Past as Prologue: The Importance of History to the Military Profession*, p. 86.

是时代中各种复杂因素相互作用的成果,其中有些是原已存在(given)的条件,也有一部分是人类靠着努力可以加以改变的部分。第三,虽然历史发展没有规律可循,不过,有经验的读者即使不一定能准确地预测未来,也应该能把握历史发展过程中的事件类型或演变趋势。

第四,当许多人都沉浸在一时一地的事情时,"历史思考"强调人们在看待一时一地之事时,同时也应具有长程的眼光。历史思考能培育人们对于"长时段"的判断,所谓"观水有术,必观其澜""事不孤起,必有其邻",了解任何事件都得了解它的历史。

在长程的眼光下,人们可以看到许多不容易看到的现象,例如《21世纪资本论》(*Capital in the Twenty-First Century*)的作者托马斯·皮凯蒂(Thomas Piketty,1971年生)用长程的眼光,看出贫富悬殊在过去百年间不断加剧的现象。[①] 所以M型社会不是近二十年来的新发展,也有人说从一个世纪美国财富的分配来看,才能比较深入地了解美国政府及议会的本质是什么。在历史的长程视野中,我们可以观大势,就好像看到台风在菲律宾附近海域形成了,从种种资料的预测看来,它应该是向着台湾吹来,但不一定能知道它是否会在宜兰登

[①] Thomas Piketty, *Capital in the Twenty-First Century* (Cambridge: The Belknap Press of Harvard University Press, 2014).

陆；而我们并不能因为台风没有在宜兰登陆，便说气象预报没有任何作用。

历史是一条时间的长河，包含各种时间的层次，其中对"长时段"的探讨，尤为史学工作者所擅长。所以历史学者看待现实的国际政治，往往比较偏重"此时此刻"与"中时段"或"长时段"之间的关系，而与政治或经济学家的看法有所不同。用柯林伍德的话来说，历史的视野中有一种"encapsulate"，[1] 一种案卷式的思考，宛如中国的"学案"。"学案"是"案据"，公文档案也是一个案据，案据往往记载学说或事物形成的历史，了解其形成的历史不只有知识上的益处，往往也有现实的用处。了解"事件形成史"本身即提供人们一种处理现实问题的识见。譬如，近来美国法律史家 Tara Helfman 教授说，美国建国诸杰草拟宪法时，主要还是从英国宪法中汲取资源，深受国际法学家格劳秀斯（Hugo Grotius, 1583—1645）及瓦特尔（Emerich de Vattel, 1714—1767）等人国际法著作的影响。所以倾向以国际关系想象各州的关系，五十个州就像五十个国家，联邦政府只负责管国防、能源、外交、邮政等大事，每一个州各自制定税法、交通法、民法、刑法、商业法、建筑法等等，

---

[1] Margaret MacMillan, *The Uses and Abuses of History*, p. 43.

地方自治实行得很彻底。① 历史能够帮助我们了解困惑的现象,重访有助于了解现行政策的生成史,并了解它的特性是如何形成的。如想了解美国黑人的当代处境,则需了解美国奴隶史,否则所看到的都是现在倏起倏灭的现象而已。②

非裔美国史史家 J. Franklin 的研究显示,美国宪法第十四修正案,对美国的种族隔离法案,如 1935 年黑白分居法案,是在重访历史之后才制定的。现在美国大小部门每每有史学家,在政策形成中扮演一个角色,譬如国务院有外交史家。公共决策与历史往往有各种密切的关系,其中一种关系是若不深入了解历史可能会有错误的决策。譬如英国 1980 年代大举调查男学生表现低于预期(underachieve)的现象,认为是当时家庭崩溃所致。但经过历史研究之后,发现 19 世纪中期已出现此问题,而当时并无家庭崩溃的问题,所以原来的归因是错误的。可见有些公共政策的问题有其历史根源,能了解它们的历史根源,才能找出真正的症结。

又如近来欧洲右派崛起,而支持左派者失败。如果从近几十年来的左派历史入手,即可了解左派不知从何

---

① Tara Helfman, "The Law of Nation in the Federalist Papers", *Journal of Legal History*, 23:2(2002), pp. 107 - 128.
② 譬如高雄大鹏湾,原是日军留下的地道。日军撤离前炸毁水门,引海水进入坑道,之后因为找不到相关工事的历史记录,无法抽干积水,便修建为风景点。

时开始过度理论化，使得下层无法理解。何以变得如此，必须从思想史角度理解。其实许多政治概念，今天何以如此解释，亦有思想史/政治史的背景，故莎士比亚说："过去即是序幕。"古今相仿佛处之作用是很重要的，但历史也告诉我们许多对我们而言原本陌生的事物，提醒我们该问却忘了问的问题，而陌生的知识、看起来无用的知识恰是成长的资源。

哈耶克（Friedrich August von Hayek, 1899—1992）在《历史学家与欧洲的未来》中曾提醒大家，历史知识也可以是很危险的，它对纳粹德国的国家形态的建构是关键的。如果不从19世纪以来德国历史文化影响下的政治意识形态反省德国纳粹与第二次世界大战，并不能掌握它的全貌。他说，19世纪的德国政治史家，已经将德国建构成一个崇拜强权的国度。纳粹的意识形态可以回溯到那时代的读物，纳粹一代不少人就是在此氛围下长大。像桑巴特（Werner Sombart, 1863—1941）这样杰出的经济史学家所教授的与后来的纳粹并无二致。[1] 而19世纪流行的极端民族帝国主义史学，当然也造就了19世纪以来西方帝国的政治风格。

前面提到，柯林伍德认为历史发展中有"encapsulate"

---

[1] F. A. Hayek, "Historians and the Future of Europe", in *Studies in Philosophy, Politics and Economics* (Chicago: University of Chicago Press, 1967), p. 136.

的情形，译成中文就是"封装""封进内部""装入胶囊"，"现在"被"封装"在长程的历史之中，所以"现在不足以完全解释现在"。柯林伍德说，塞尔特人的艺术风格何以在长期消失之后，突然在19、20世纪复活？主要原因是它们本来就被包在后来的历史发展中而传递过来，从未真正消失。好比你是一个戒烟的人，突然拿起烟来便也能抽。我则想借它来说明"现在"是包着许多质素而发展过来的。在事件发展的过程中，会有若干不同的质素也跟着卷在里面，它们在发展的过程中未必显露出来，但可能会在某种时机下重现并实际发挥作用。柯林伍德"encapsulate"的观念跟约翰·刘易斯·加迪斯（John Lewis Gaddis）在他的 Landscape of History: How Historians Map the Past 中的一段话有异曲同工之妙，加迪斯说，读历史如看后照镜，可以帮助驾驶前检视后方、左右的车况，然后决定如何开车。[1]

阿米蒂奇（David Armitage）在《史学宣言》（The History Manifesto）中反复陈说，认为历史研究之所以没有现实作用，主要原因之一是史家只研究"短暂过去"（short past），而不研究长程历史（long durée）。对于这一点，我的看法并不如此斩截。事实上，历史如果要有用，长、中、短时间的历史都可能有关，但是不可否认，

---

[1] Margaret MacMillan, *The Uses and Abuses of History*, p. 141.

长程的历史是可以促发许多实际政策的设计改革。①

第五,日常生活中的"历史思考"帮助我们了解这个世界是流动的(fluid one),是一个不断"变化"的世界。理想可以是永恒的,但这世界不应被亘古不变的原理或范畴来解释。古往今来的一切都处在不断变化的大历史背景下,故历史提供的"变化"观念,帮助我们打开封闭凝固的箱子,帮助我们了解每一段变化的过程,层层变化地叠压形成现在。虽然此后,我们依稀仿佛想象的"黄金古代"不再平静,但是我们所看到的是实在的世相。

历史的思考也有助于我们看待争夺历史诠释的问题。记忆与现实生活的关系比我们想象的要密切,例如现在台湾人对日本的统治以及日本人二战期间在中国大陆的作为,选择接不接受或如何诠释,很大程度决定了他们投票支持谁。历史好像看不见,但它却牢牢地抓住人们。

我认为统治者不可能永远压抑得住历史真相,各地皆然。世新大学有一位传播学教授的文章中曾经统计,在"二二八"事件之后的几十年,台湾的媒体与历史课本中提到"二二八"的次数非常之少。可是当有一天它暴露出来的时候,就面临很难收拾的局面。压抑历史,

---

① David Armitage & Jo Guldi eds., *The History Manifesto* (Cambridge: Cambridge University Press, 2015), pp. 14-87.

使得社会错失了和解的机会,即你充分了解我的历史、我也充分了解你的历史,并寻求互相谅解、寻求和谐的机会。

把握历史发展中的"风势"

接着前面的讨论,在这里还想强调历史除了教导人们长程而全景的历史思考外,同时也提供无数史例,帮助人们把握历史发展中的"风势"。

在《执拗的低音:一些历史思考方式的反思》一书中,我谈过刘咸炘"风"的观念,它显然与龚自珍(1792—1841)的《释风》篇有关,《释风》中说:"古人之世,倏而为今之世;今人之世,倏而为后之世,旋转簸荡而不已。万状而无状,万形而无形,风之本义也有然。"① 我想用这一小节来补充一个论点:人类历史并不总是井然有序、因果相续地进行着,经常出现"风"一般"旋转簸荡而不已"的史势,所以"察势观风"也是"历史思考"的一个重要部分。

龚自珍说历史发展"倏而为今之世""倏而为后之世","倏起倏落"的性质,也提醒我们注意当"风"旋

---

① 龚自珍,《释风》,《龚自珍全集》(上海:上海古籍出版社,1999),页128。

转簸荡之时,有时是非定点之间的影响与传递,或不断来回往复、互为因果关系,甚至是四面八方的运动形式,或应把握到在语言之外,"非概念性"因素的作用。用龚自珍的话说是"万形而无形""万状而无状",甚至没有固定形态、固定轨道、固定因果的人事活动所构成的历史。①

柳诒徵在《国史要义》中注意到刘咸炘的"观史迹之风势为史识",认为专业史家经常局限于事实始末的研究。柳氏认为史家除了要穷究"事实本末"之外,还应阐发"史迹风势",他提醒我们历史研究不只是事实的研究,还有更长远、更复杂的"风势"之变迁起落,史家要"察势观风",要观察一代风气之形成及衰落,这是我们培养史识的一种办法。柳氏又说刘咸炘标举《礼记》中所说《尚书》的价值是"疏通知远",而"疏通知远"即是"察势观风"的意思:一方面观察事实之始末(入),同时也观察风气之变迁(出),并找出每一代特具之"事象风气"。②

我深知"风"这个概念仍嫌笼统,需要经过现代语言的转换。但如何以现代语言、概念来描述"风"从形

---

① 当然包括历史上弱者是如何反过来影响强者,后来者如何改变先行者,被殖民者的某些生活质素又如何像风倒吹回去影响他们的殖民者,并改变殖民帝国的思想、文化等复杂的历史现象。
② 以上见柳诒徵,《国史要义》(上海:华东师范大学出版社,2000),页108—109、118。

成到衰落的机转,是个艰难的课题,必须俟诸他日。无论如何,"风"有小风,有大风,有一时之风,有绵延一代或数代的风。任何一个时代都有几股竞合无定的历史力量("风"),而且在众股力量中,如果刚好有一股"大风"正在冉冉旋起,人们不只应注意"大风"所带来的直接影响,同时也应观察与它纠缠的各股历史力量相应产生的新变化。没有人能限制天上大风只在某一个范围内吹荡,在民主选举中我们经常看到某个政治人物的声势暴升引起大风、盘旋不去时,往往会泛溢各地,而作为一个关心"历史思考"的人,便应时时关注把握这类现象。

"风"形成的原因及方式很多,我觉得这是一道非常复杂深厚的习题,或许应等搜集几百个个案之后,才能较好地加以把握。第一种类型的"风",在最初的诸阶段要有某些个人极力鼓吹某种主张,通常这群人的态度是坚强而不容他人辩驳的,同时要有能"受风"之群众,两者互为因缘,啐啄同时,不停交互旋转而成"风"。最初,鼓吹者常常只是少数几个人,一如清代叶梦珠在《阅世编》中所说:"士风之升降也,不知始自何人。大约一二人唱之,众从而和之。和之者众,遂成风俗,不可猝变。迨其变也,亦始于一二人而成于众和。"[①]

[①] 叶梦珠撰,来新夏点校,《阅世编》(北京:中华书局,2007),第94页。

在历史上，往往有少数几个现实地位不高的人，靠着几篇文章或是几次演讲，而与某种政经社会环境中的群众的关注相遇合，一圈圈扩大而形成一股风，甚至形成风卷残云之势。在这里我仅从明代举出几个例子。譬如明代古文运动，李梦阳等人出身帝国的边缘地区，而且当时李梦阳只是一介小小郎官，在众人厌倦了台阁体，以及它所涵带的一种平板、停滞，甚至令人感到窒息的风气之时，靠着几篇强烈鲜活主张的文章及文坛人脉，居然卷起万人景从的复古运动，改变了文坛及时代文化的氛围。此即王世贞为何景明作序时所说的："是二君子抉草莽，倡微言，非有父兄师友之素，而夺天下已向之利而自为德，於乎，难哉！"①

晚明竟陵文学家钟惺、谭元春也是一样。在钱谦益看来，钟、谭毫无学问，文章中有许多不通、矛盾的字句，以及错误、低俗可笑的经典注解。但他们选了《古诗归》《唐诗归》，表达一种鲜明强烈的宗旨。当时人们多少了解钟、谭的文章有种不足，但人们厌倦了前后七子所带出的肥腻诗风，认为他们带领大家挣脱了原先的羁绊，带出一种求新求奇的诗风。钟、谭在晚明文化界，包括文学、思想等层面的实际影响非常之大。又如在清代中期，惠栋以一介生员且终身未仕的身份，靠几篇考

---

① 王世贞，《何大复集序》，《弇州四部稿》，收入《景印文渊阁四库全书》（台北：台湾商务印书馆，1983），第1280册，卷64，17a，总页126。

证文字而鼓动反宋崇古的学风。一旦几篇文字能与"时风"和"众势"相遇合，也有机会掀起一代之"风"。

"风"的第二种形式是由讯息、舆论、价格等等带动产生的。以下将以哈耶克的若干论点为例。哈耶克当然没有"风"的概念，但我想借用他讨论价格与人群的经济行为等问题的看法来探讨"风"的形成。哈耶克这方面的讨论很多，在这里我主要是引用他的两篇文章《人类价值的三个渊源》及《作为一种发现过程的竞争》。哈耶克认为："文明的基本工具——语言、道德、法律和货币——都是自生自发之过程的结果，而不是设计的结果。"如果借用他的观点来谈"风"，则有些"风"的形成是无法规划、设计的。没有人能规划众人的经济行为，人的经济行为是在"价格"的驱动之下，调动分散的个人知识，在自身自发、偶然、竞争之中，由无数个人不同的动机与行为"耦合"而形成的。或是在价格的调动作用之下，无数个人在此价格之下所做的对个人最有利的经济安排而自然形成的，它们是"复合而成的复杂结构"，形成了"耦合秩序"。在价格体系下，个人以自己最佳的利益做出选择，每个人的选择"耦合"在一起，形成"自发秩序"，或是像我说的"风"一般。

前面提到，哈耶克从未提到"风"之类的概念，但我把他的"自发秩序"之说挪过来解释"风"的一种形成——它是价格、讯息、谣言，或是爱国、民族主义等，至少初看起来不是那么人格性因素所形成的调动性力量,使得人们在它的影响之下为自己做选择,如果众多人的选择产生"耦合",便可能形成"风"。在此我想强调,上述两种"风"的形式——由某些群体发动的和由价格、讯息所调动的——虽然存在某种区分,但两者往往同时发生作用,并在过程中互相交缠,循环往复,互相反馈。

接着,我想强调一点:吸引人们跟着盘旋而起的,不一定都是人们在某一时刻认为是真理的、有价值的、美善的。它们不一定有智慧、合逻辑、平正通达、合于道德伦理或合于传统文化标准,也未必经得起严谨的知识检证,而是些能弥补人们空虚、渴望的东西,或是因不景气、低收入、灾荒,或对精英政治彻底失望。其中有许多从后人的眼光看来恐怕是"荒唐无稽"的,譬如晋代人以牛为贵,舍马而爱牛,风尚所在,无法以道理解释。① 能够吸收、调动成"风"的质素一直在变,旧的吸引人的质素可能在一段时间之后消失得无影无踪,并被人们惊诧不已的新质素所取代。这正像龚自珍在《释风》中所形容的,"倏而为"古,"倏而为"今。

我一直认为历史是很多强弱不同、位于不同层次的力量同时在往前跑,彼此间有竞合关系,有的成为主

---

① 金毓黻著,《金毓黻文集》编辑整理组校点,《静晤室日记》(沈阳:辽沈书社,1993),第10册,页7414。

流,有的成为潜流,有的从非主流以某种不尽相同的面目又成为主流。如果不注意历史的过程中有好几股处于不同层次的力量在竞争,便无法理解里根(Ronald Wilson Reagan,1911—2004,美国第四十任总统)为什么会当选总统。因为我们看1960年代以来的美国思想往往只看到学生运动和激进团体的力量,忘了保守派也在动员、转换形式,像擦火柴一样点燃一束束干草,只有把这些放入我们视野,才能多少解释在经过1960年代激进运动狂烈的洗礼之后,保守的里根为何能在1981年当选总统。

20世纪过度受功利主义跟科学主义影响的对古代的历史文化诠释,犹如具有特殊性格的情报局长。这些情报局长因为个性太独断,总期望派出去的情报员所带回来的情报全部都符合他的预想。可是派遣情报员本来就是为了了解事情的真相,如果情报员只想呼应局长的想法,那么为何还要千辛万苦派人出去收集情报呢?研究历史也是一样,如果只是为了把过去的历史打扮成现代人喜闻乐见的样子,那还研究它做什么呢?我个人认为"历史思考"的一部分是发掘历史中的各种音调(不只是低音),并厘清它们之间的层次,免得读者误以为一个时代只有一种单音,或只有一种主旋律。

人类丰富而复杂的历史帮助我们在长程的、全景式的历史架构中,了解人类历史发展的无限复杂性,而

"万状而无状,万形而无形"的"风势"便是其中很有价值的一环。

历史点染人生的作用

接着我想谈:历史能把许多平浅的事物立体化,使它具有层次感,立体地呈现在我们眼前,我称之为历史"点染"人生的作用。

怎么说明"点染"的作用?在这里我要借用海德格尔《存在与时间》中的一段话(当然海德格尔不是为了说明与我同样的问题),海德格尔认为一个物件的历史意义是它能反映当时使用它的"此有"的世界。[1] 如果倒过来想,一旦我们充分了解某个物件所属时代的历史,便能用它来点染那个物件的意义与深度。一个物件,看上去可能是平凡无奇,但是一把它存在的那个历史世界带出来,这个物件的意义便由平淡的变为多彩的,由平面变为立体,这就是一种"点染"。更进一步说,万物、各种知识都是互相"点染"、互相"对话"的,而点染、对话的部分即扩充成为丰富饱满、充满意义的资源。

读史,可以让很普通的景点变成立体的,也就是

---

[1] Martin Heidegger, *Being and Time* (UK: Blackwell Publishers Ltd, 1962), pp. 429–433.

过去的仿佛皆来到眼前成为我们"同时代"的东西,而能够点染多少则是由我们"心量"中储积的史事多少所决定。文艺复兴时代有一句名言:"罗马是一座会说话的城市。"这句话有许多面的意义,其中有一面是,如果一个人有充分的历史知识,对罗马历史有足够的掌握,则即使是一块普通的土地,在"过去"与"现在"的映照之下,也顿时活了起来,恍然而知这是恺撒被刺之后躺下断气的地方,则这一块尘土也对我说话了。

如果有历史的"点染",一个地方便是一座博物馆。试想英国的约克城,古往今来有多少胜利或灰头土脸的国王走进这座城市。今天看来枯燥、单调的城市,因为"这里曾经是""那里曾经是"顿时变得好像人声鼎沸了起来。我个人成长在台湾南部的一个古镇北港,除了三百年的妈祖庙外,古镇仿佛是一个前几年才开发的小镇。但是,每当我深入一层了解它的历史,它便立体一分,便更有意味,仿佛有许多古代历史交错其间,使得平铺的景物被点染成立体的活动。"孝子钉"、"老鼠卫生"(当年为了防治鼠疫留下的古迹)、"育婴堂"等一一浮现,一片土地变成一个故事,整个地方成了会说话的古迹。

所谓的"点染",不只是点染地理、空间、旅行等,其实还点染了日常人生。在我住处附近有一路284公车,它每天在我眼前驶来驶去,是无数在我生活周边反复不变、单调枯燥的景物之一。直到有一天,我稍微了解一下它行驶的路线、停靠的站,发现它与我的生活关联,它对我的意义也许就变得不同了,成了立体而有意义的一部分。历史的点染,与前述对284公车的逐渐深入了解一样。而且不只历史,许许多多的知识,为我们的人生一层一层地加色,其中有的颜色涵藏在表面颜色之中,使它更生色彩。一层一层加上颜色的过程,使得枯燥烦闷的日常事务逐渐得到色彩,而且立体起来,成为有意义的一部分。

"历史"的鉴戒作用

虽然现代史学的研究使得历史的复杂度加深,面向也越来越多,隐过扬善的史法不再流行。对传统史学的颠覆、反叛,加上后现代史学的解构影响,使得历史的面目不再定于一尊,故传统的史学功用屡屡遭人怀疑。"以史为鉴"、"历史的道德教训"、历史的用处、与现实人生的关系,在传统史学中比较不成问题。但是在"新史学"影响下成长的我们,从青年时代起便习于梁启超以降,反对史学的道德鉴戒或"以史为鉴"的功能,加上近九十年间史学的发展也有追求脱离现实人生的倾向，历史与现实作用之间的距离也变得愈来愈远。

在21世纪的今天，即使要求史家们像《文献通考》所说的尽量关注"典章制度""理乱兴衰"也几乎不大可能，更何况是为了道德教训而希望在历史书写中隐恶扬善，在现代史学中是绝不可能的事。宋代的叶适便主张恢复古代的史法，不要像司马迁《史记》那样把项羽写得那么正面，可见把历史与"道德"紧紧绑住是一个非常强的历史书写传统。

传统史学认为历史可以提供我们鉴戒，是因为史官秉笔直书，使得许多史事不被遗忘，也使得人们心生警诫，不敢不注意自己的言行，所以阅读史书可以从中习得"鉴戒"。古往今来的人都说"以史为镜"，就是要从历史里看到自己，看到现在的情境、未来的发展。反面的经验也可提供鉴戒，尤其是失败的经验。不管对于个人还是群体而言，哲学的论证往往不及历史故事容易对人产生实际且立即的作用，古人便常从几个古代的人物身上得到人生的示范。我认为人们是可以从各种历史著作中看到是非善恶、理乱兴衰，以及一些带有长远性的价值的，自古以来所谓的"以史为鉴"就是历史与现实、人生之间的一道桥梁。

以下我要随处摘引一些古代对于历史鉴戒功用的说法，并强调即使在今天，下面这些想法并未过时。

第一，唐太宗于贞观二十年下诏重修《晋史》时说，读史能使人"不出岩廊，神交千祀之外……大矣哉，盖史籍之为用也"，①强调读史可以使人超出自身的局限，与古今人物自由地交流。第二，历史是一座"模范"的宝库。宋神宗在《资治通鉴》的序说："其所载明君、良臣，切摩治道，议论之精语，德刑之善制，天人相与之际，休咎庶证之原，威福盛衰之本，规模利害之效，良将之方略，循吏之条教，断之以邪正，要之于治忽，辞令渊厚之体，箴谏深切之义，良谓备焉。"②意思是说历史是一个各种良善政治、军事历史的宝库，人们可以从中汲取资源。第三，历史记载是非善恶，使得善恶的事迹有所保存，善有人纪念、恶值得警惕，许多史书都宣扬这一点。《史通·史官建置》篇中便说："向使世无竹帛，时阙史官，虽尧舜之与桀纣，伊周之与莽卓，夷惠之与跖蹻，商冒之与曾闵，一从物化，坟土未干，则善恶不分，妍媸永灭者矣。苟史官不绝，竹帛长存，则其人已亡，杳成空寂，而其事如在，皎同星汉。"③如果没有史官，对于好的事迹与坏人的劣迹没有记载，一旦他们物化，后人便分不出谁善谁恶了，也就无从由这些大

---

① 原文出自《唐大诏令集》卷81，此处引用瞿林东，《中国简明史学史》（上海：上海人民出版社，2005），页356。
② 《御制资治通鉴序》，司马光，《新校资治通鉴注》第一册（台北：世界书局，1962），页33。
③ 浦起龙，《史通通释》（台北：台湾商务印书馆，1968），"国学基本丛书"，卷11"史官建置"，页1。

量善恶史迹中获得鉴戒。

第四，也有人主张在历史书写与读者阅读的合作中，突显历史中的是非、善恶、兴衰、得失之迹。司马光花了十九年的时间编纂《资治通鉴》，完成之后的《进通鉴表》中，有很感人的一句话"今已了毕者"，千载之后读来，仍感受到他完成任务之后如释重负的轻松感。在《进通鉴表》中，他说："专取关国家盛衰，系生民休戚，善可为法，恶可为戒者。"又说："鉴前世之兴衰，考当今之得失，嘉善矜恶，取是舍非。"① 他明确地点出，如果拿几个清楚的主线去读史，譬如"国家兴衰""生民休戚"，就很容易看出哪些史事是可以效法，哪些是值得鉴戒的。读者可以抱着问题、透过仔细阅读得到道德、政治价值的教训。《资治通鉴》教人说读"三家分晋"的故事时，论"名分"的重要，因曹魏移祚而"论风俗"，因蜀汉而"论正闰"，因樊英而"论名实"，从兵事可以知"得失之由，脉络分明"，由详论名公巨卿所以兴家败家之故，可以得到鉴戒。

第五，历史是一面镜子，好的奉以为法，坏的奉以为戒。《贞观政要·任贤》所云"以古为镜，可以知兴替"，早已成了耳熟能详的成语，读历史可以知道德之隆污、人臣之忠奸、人品之善恶等等。又说彰善辨恶可

---

① 《进通鉴表》，司马光，《新校资治通鉴注》第一册，页9607—9608。

以作为将来之戒。① 至于由历史而引导未来,更是传统史书中习见之话,譬如"多识前古,贻鉴将来""述往事,思来者"。对于司马迁、司马光这些传统史家而言,从历史中可以直接推寻出道德评鉴、政治得失、兴衰之鉴。他们虽然也了解历史中吊诡、暧昧、模糊、混乱的地方,但是仍然很有信心地认为透过合适的书写与阅读,历史教训是稳定而有用的。

---

① 吴兢,《贞观政要》(台北:河洛图书出版社,1975),页55。

第二章

日常生活中的"历史意识"

"没有历史的人"

首先我想从反面来谈历史,也就是"无史"之苦。"无史"这个问题在晚清一度非常流行,梁启超认为传统史书多写帝王将相的历史,而一般人民"无史",所以清朝虽然号称历史发达,其实"无史"。"无史"的问题也出现在清末革命志士的著述中,他们认为没有历史即没有权力(out of history, out of power),三百多年来的历史已为清王朝所垄断,而汉族受惨害,历史遭到压抑,所以"无史",没有历史即不知为自己的先人复仇,则为人奴隶,被征服而没有自觉。

四十余年前,有一部史学名著《欧洲与没有历史的人》(*Europe and The People Without History*),认为没有历史的人群在人们心中几乎等于不存在一样,人们愈来愈发现历史上许多人群是"无史"的。① 而过去几十年的史学解放,多少改正了这些问题。以妇女为例,过去妇女的历史微乎其微,忘了妇女在其时代所扮演过的无数角色。②

如果把"过去"从人生抽掉,就像是一个失忆的人,一个完全没有历史的人,好像一艘漂泊在大海中的弃船。一个不知身世的孤儿,一个被领养的小孩,每每在长大之后千方百计想要寻找自己的根源,可见"史"在个人生命中的重要意义。由"无史"的痛苦可以看出历史与现实人生的关系,不仅只是现实"权力"之有无而已。

历史可以防堵集体遗忘,防堵假历史的出现。历史知识的传递很复杂,如果不重访历史,即使史料仍然典藏在图书馆或其他地方,但在一般人脑海中等于不存在。往往过了二三十年,人们就不记得先前的史事了,也未必了解。试问五四运动及五四之后的发展,这么重要的历史事件,在近代中国历史中如何可以略而不载?如果我们检视台湾早期所用的几种近代史教科书,就会发现它们或者跳过不写,或者含糊带过,宛如这个事件不存在或没有任何重要性一般。如果没有历史,何以防

---

① Eric Wolf, *Europe and the People Without History* (California: University of California Press, 1982).
② Gerda Lerner, "The Necessity of History and the Professional Historian", in Stephen Vaughn ed., *The Vital Past: Writings on the Use of History*, p. 110.

止其遗忘。试问惨烈的二战才过去七十年,现在还深刻记得那场战争的还有几个人?1960年代起,在英国出现一位专门否定纳粹屠杀六百万犹太人的二战军事史专家David Iriving,他写了近三十本相关的书,后来不得不劳驾德国史权威理查德·埃文斯(Richard Evans,1947年生)出面,撰写了《为希特勒说谎》(*Lying About Hitler: History, Holocaust, and the David Irving Trial*)加以反驳。而这种事在历史上屡见不鲜。

读史不只可以防堵集体遗忘,还可以防堵政府或其他人任意变造或取消历史。思想史家沃格林(Eric Voegelin,1901—1985)在他的回忆中提到一个想要取消历史,刻意制造"非历史"的实例。沃格林说纳粹刻意去历史化,使得国家的理论变得"非历史",故可以胡乱制造其种族理论,而陷于近乎疯狂的状态。[①] 我们习惯于认为历史知识会自动传续下去,而忽略了一旦不重访或重建历史,历史便不存在。在中国历史中,遗忘前史是常见的,譬如《旧五代史》竟不知石敬瑭是契丹族。有时不一定是遗忘,而是刻意忽略不提。连史笔严格的欧阳修在《新五代史》中居然不提韩通,韩通是当年力阻赵匡胤篡位的人。当时便有人说,从这一点看,欧阳修也不能算是尽职的史家。

---

① 埃利斯·桑多兹著,徐志跃译,《沃格林革命:传记性引论》(上海:上海三联书店,2012),页69—70。

遗忘历史有时还会失掉现实利益。如巴黎和会中，日本宣称东三省自古不属于中国，而中国的和会代表居然不能据史回答，便是一个很好的例子。

"可能性知识"的价值

读史所获得的"知"本身与智性的满足、充实感本来就是人类天性里最重要的需求之一。"知"本身最大的报偿便是乐趣，以及"益神智"与增加见识的充实感，而不一定有什么现实而立即的用处。例如对我来说，读陈寅恪的《元白诗笺证稿》最重要的便是"知"的乐趣，而不是有任何立即得到的现实益处，读许许多多的史书，最重要的也是一种"知"的乐趣与满足感。更何况读古往今来许多史书，本身便是极大的美感与享受。

前面一段提到历史并不复制它自己，历史上没有一模一样的事件会重复发生，但是历史中提供了许多亚里士多德《诗学》中所说的"可能性知识"。① 而"可能性知识"对现实有相当的益处。

希腊经典大家芬利（Moses Finley, 1912—1986）曾说，我们不应该把希腊罗马经典想象得太崇高，它里面

---

① 亚里士多德著，陈中梅译注，《诗学》（北京：商务印书馆，1996）。

往往只有一些乱七八糟的细节，只是提出各式各样的问题而已。① 即使不是那么崇高而有体系的知识，但是许多杂乱的、枝节的，一个人物的典型，一句偶然的对话，一场不甚重要的较劲，一场平凡人物之间的风议，等等，都可以带来意想不到的影响。对于这个问题，德国史学大师德罗伊森（J. G. Droysen，1808—1884）认为，"历史知识有非常实际的功能"，但这个功能并不在于它能指示具体的行动，而是"经由扩大人们自我认识的历史视野，进而提升行为能力，以及开启更多行动的机会"。②

即使今天人们对历史与现实人生的关系充满疑问，也不可否认历史上有许多受历史影响或得益于历史的事例。许多近世重要的历史人物都受一部史书的益处，如曾国藩熟读《文献通考》，左宗棠深受《读史方舆纪要》之益，胡林翼每天必读《资治通鉴》。③ 胡林翼编了一部《读史兵略》，以前我当兵时，连队后面的书柜上都有这

---

① M. I. Finley, "Crisis in the Classics", in J. H. Plumb ed., *Crisis in the Humanities*, pp. 11 - 24.
② 德罗伊森著，胡昌智译，《引论》，《历史知识理论》（北京：北京大学出版社，2006），页 22。
③ "公牍有可作史论观者，如胡文忠《复卫静澜书》云：'南以舟师为要，北以骑兵为要。史于刘项战事，于楼烦善骑射，择军中可为骑将及骑将灌婴各事，均大书之。是刘项之兴败，在有骑无骑矣。'《致严渭春书》云：'襄阳被围五年，隔杭州二千里。然襄阳失而宋亡，贾秋壑特以酣歌湖上为乐耳。胡三省注《通鉴》，于此事深致怨恨。三省浙人也，知南宋之大局，在蜀、在襄阳、在淮甸地也。'文忠熟于史事，故率然下笔，皆有断制。《致唐义渠蒋之纯书》云：'读尽一部念三史，古今兵事，有战法，无攻法，惟近九年之官军异是。'此则全史在胸，乃能为此言。"许同莘著，王毓、孔德兴校点，《公牍学史》（北京：档案出版社，1989），页 351。

部书,因为蒋介石非常重视这本书,里面的资料都是从史书来的。从以上三位湘军将领给人的书信中便可看出读史之益处。如《胡林翼札霆营鲍副将喻都司文》中说:"吕蒙行师,不能以一笠宽其乡人,严明之谓也;绛侯治兵,不能以先驱犯其坚垒,齐整之谓也。"① 足见他对吕蒙、周亚夫的历史非常熟悉。比曾国藩、左宗棠、胡林翼略晚一辈的张之洞,也因熟读《资治通鉴》等史书而有名。有一个关于中越勘界的故事,他考询古书、档案,坚持中越边界的十万大山是马援当年立柱以为边界的地方,现在虽然已经没有柱了,但是张之洞一意想弄清楚汉代边界之所在。清廷一再训令他不要无端生事,后来这个考证就不了了之,但由此可以看出张之洞的历史癖。

至于西方近代人物中得史之益处者也是不胜枚举。与张之洞时代相仿的海权论者阿尔弗雷德·赛耶·马汉(Alfred Thayer Mahan, 1840—1914),自谓他的《海权论》是对欧洲 1660—1783 年百年间海战史实的分析。他说自古以来海权是统治世界的决定因素,陆权国家如果没有出海口则难免衰亡,甚至认为在海权与陆权之间,如果某方进行严密的海军封锁,则比遭一支强大的陆军攻击更有力。17 世纪以来,英国与法国的海陆优先策略及后来对国力影响之对比即是一个显例。他直接引用史料而且是一

---

① 许同莘,《公牍学史》,页 225。

手战报，根本上来说这是一本历史书，虽然也有不少人反对他的观点，但是此书对过去一百多年的历史影响非常巨大。又如英国二战的领导人丘吉尔是一个既熟读历史又大量写史的军人、政治家，他早年在去往印度的船上都在诵读吉本的《罗马帝国衰亡史》。有意思的是英国前首相约翰逊（Boris Johnson），即是从丘吉尔的历史得益的政客。如果把他近来的行事风格与他所写的《丘吉尔传》（*The Churchill Factor: How One Man Made History*）相比，便有一种若相仿佛的感觉。他处处模仿丘吉尔，连乌俄战争期间支持乌克兰的演说，也像是丘吉尔铁幕演说的翻版。

人生每每需要驱策所有能用得上的知识来解决现实问题，而熟悉历史的人，每每要寻思若干与该境况相仿佛的"可能性知识"。以熟悉历史，晚年甚至想到大学教明史的张学良为例，他说自己与红军在西北作战，后来红军自动解围，并表示不敌视东北军的诚意，他说："（其部下）王以哲来电信，共方派来负责代表一人，到彼军部，请良亲为接见。此时良忆及昔年左文襄收抚马化龙之故事，同时心中已早存有上述种种，遂飞洛川，会见该人。"不久之后，张学良与周恩来见面，"本一动扣留之念，再一寻思，偶起'岂有鸩人羊叔子哉'之句，彼既卒然敢来，余当磊落光明"。① 西安事变之后，同机

---

① 张学良，《回忆西安事变》，《传记文学》第 56 卷第 6 期。

亲送蒋介石离开西安,周恩来赶到机场,见飞机在飞,大叹张学良中了黄天霸故事的毒。以上三个时刻,多少也是近代史上的关键时刻,显然熟悉历史的张学良,像是一个坐在被告席上的人,脑海中浮现了一些相仿佛的史事,而这三件史事(除了黄天霸的故事真实性待考)都对他当下的决定产生了无与伦比的作用。

历史在相仿佛性的情境下来到人们的脑海里。像诺曼底登陆时一个工兵旅本想背诵莎士比亚《亨利五世》中的一个战斗场面,虽然那是一个进攻法国的故事,但开头的那行诗"重新踏上这片海滩,亲爱的朋友们",与他眼前的情境是如此相仿佛。另一个射击大王卡·克·金少校则背出最后一句诗:"凡是度过了今天这一关,能安然无恙/回到家的人,每当提到了这一天/就会肃然起立……"①

卡尔曾说,在俄国大革命之后,人们因为悚然于法国大革命之后拿破仑终结了大革命并窃取了它的果实,所以极力防止俄国大革命也出现同样的命运。而当时人们认为托洛茨基比较像拿破仑,所以倾向于支持比较不像拿破仑的斯大林。这个结果是不是比较好呢?再如埃及强人纳塞尔上台之后,欧洲各国认为他太像希特勒,故英法联合入侵。这是不是正确的呢?1967年10月1

---

① 柏拉图、萨特等著,蓝黛选编,《老笔记——名人眼里的历史事件》(北京:民族出版社,2001),页198、285。

日,《纽约时报》报道在决定是否增兵越南时,尼克松随手带着一张纸条,上面写着他所遇到的问题与林肯、威尔逊、罗斯福相仿佛的地方。①

中国历史上具有相仿性/可比较性的事例也非常多,我只略举其中两三件。《管子·轻重戊》中有这样一个故事。齐桓公对齐国旁的一个小国鲁梁,总觉得芒刺在背,故想将之纳入自己的版图。齐桓公问计于管子,管子说,鲁梁之民善于织"绨"(厚缯)。你如果服绨,也令左右、百姓皆服绨,并大举向鲁梁购买,则鲁梁必举国弃农作而织绨。过了一年后,管子命人到鲁梁,见鲁梁举国之人皆在织绨,便报告桓公:"鲁梁可下矣。"管子说"公宜服帛",只要你改服帛,并不再与鲁梁买卖,则自然鲁梁举国饿馁相及。鲁梁之君虽然要人们赶快放弃织绨回头务农,但是一时来不及,故需向齐买粮,而齐则趁机提高价格,过了三年,鲁梁之君即请降矣。这类史例在历史上经常出现,而且当国家或个人遇到特定的变局时,每每会从历史这个"药山"(吕祖谦语)中寻找可能用得上的药草。《太白剑·序》一文中说,崇祯皇帝于十年至十一年间,当流寇之起,取《新唐书·黄巢传》反复阅之,"因思致寇之由,御寇之失策,援唐事一

---

① George O. Kent, "Clio the Tyrant", in Stephen Vaughn ed., *The Vital Past: Writings on the Use of History*, pp. 306, 303.

一比而论之",① 便是一个例子。

　　历史虽然不一定重演,但并不表示没有相似的情境。《马歇尔回忆录》中讲到当二战开始,他决定在美国进行"动员"时,发现战况与他早年读过的战史何其近似。基辛格在梅特涅的生平中看到核子时代平衡外交的精神。近代军人龚浩说他读《读史兵略》中有关北魏崔浩的段落时,"拍案惊起,谓杨宇霆必死,不出一月,后果如言,以其二人地位相同,履险则一也"。② 又如嘉庆之对和珅,在《味余书室稿》中《唐代宗论》云:"代宗虽为太子,亦如燕巢于幕,其不为辅国所谗者几希。及帝即位,若苟正辅国之罪,肆诛市朝,一武夫力耳!乃舍此不为,以天子之尊,行盗贼之计,可愧甚矣。"昭梿在《啸亭杂录》中说,读此乃知嘉庆老早已从史事中得到教训,打定主意,所以在乾隆死后,立命两位亲王传旨逮和珅,并命勇士阿兰保监行,而慌忙的和珅却什么都做不了。③

　　"辛酉政变"的整个过程是晚清朝堂中最为风云变幻的一段。在"辛酉政变"之前,也就是慈禧主导发动除掉咸丰的八位顾命大臣,换成以慈禧、恭亲王奕䜣为主

---

① 姚康,《太白剑》,收入《四库禁毁书丛刊·集部》第106册(北京:北京出版社,2000),页1b,总页618。
② 龚浩,《师承记》,《蒋百里全集》第8卷(北京:北京工业大学出版社,2015),页76。
③ 昭梿:《啸亭杂录》(北京:中华书局,1980),页27。

轴的统治集团之前，以肃顺为首脑的大臣揽权过甚，行径嚣张。据史书说，当时人们口耳之间不时提到"霍光故事"。霍光是霍去病的异弟，是昭帝上官皇后的外亲，汉宣帝霍皇后的父亲，长期辅政，甚至主持废立昌邑王。但当霍光去世之后，第二年霍家便因谋反被族诛。清代后期，人们见到肃顺等人过度擅权，也不由得总是想到汉代霍光的故事，而且后来发现两者的结局相当接近，可见"仿佛性知识"是一个重要的历史运作机制，后来肃顺等人果然被诛斥。当咸丰崩逝于热河，在大清朝廷中的"北京派"（核心人物恭亲王奕䜣、周祖培、贾桢等）与"热河派"（肃顺、载垣、端华等）的斗争中，"北京派"与"太后派"联手举起"垂帘听政"的大旗。于是，户部官员李慈铭在周祖培的影响下，搜集历代太后临朝先例，为"垂帘听政"寻找历史根据。李慈铭详检了历代贤后临朝的八个史例，并疏明其事迹，作成《临朝备考录》。这也是政治斗争中当事人向历史的仿佛性寻找资源的例子。①

在《为将之道》这本书中，被访问的许多当代美军名将都异口同声提到历史与当代情境的仿佛性。他们之

---

① 在戊戌变法时期，时人为了寻找历史的案据，在清代前三朝的故事中搜寻前例。《康南海自编年谱》中说："上久与常熟议定开制度局，至是得诸臣疏，决意开之，乃令复生拟旨，并云康熙、乾隆、咸丰三朝有故事，饬内监捧三朝圣训出，令复生检查，盖上欲有可据以请于西后也。"《康南海自编年谱》，康有为撰，楼宇烈整理，《康南海自编年谱（外二种）》（北京：中华书局，1992），页57。

中有许多人通常尽可能地读战争史,脑海中对战争情势形成了丰富的积贮,使得他们在部队的驻扎、移防、后勤、战斗等每一个方面,都有丰富的积贮可以"类比"或"配拟"(analogy),"类比"或"配拟"不一定是照搬的意思。

《孙子兵法》说:"兵者,国之大事,死生之地,存亡之道,不可不察也。"但是人们花最少的时间在研究这"死生之地,存亡之道"上。克劳塞维茨说战争都是简单的事,但简单的最困难。战场上瞬息万变的简单事,在那紧急的时刻,迫使指挥者将他所有的知识用上。① 如果有一些熟悉、粗略可以把握的"模式"作为参照,应该是可以发挥重要的作用。在《历史作为序幕》(*The Past as Prologue*)中,一位美国越战将领 Paul Van Riper 在其撰写的章节中,便承认历史虽然没有提供军人 lesson,但是却提供一些帮助了解战斗上可怕的现象的脉络,它们的过去、现在、未来都是如此。在这本书里,不只 Van Riper 将军,也有不少其他人提到"几乎不变的战斗时势""反复出现的状况"。② 历史虽然并不重复,但有些场景以令人惊讶的方式重复。虽然愈来愈少人认

---

① 克劳塞维茨著,格雷厄姆英译,时殷弘译,《论战争的性质》(北京:中国对外翻译出版公司,2012),页 53。
② Paul Van Riper, "The Relevance of History to the Military Profession", in Williamson Murray, Richard H. Sinnreich eds., *The Past as Prologue: The Importance of History to the Military Profession*, pp. 34 - 54.

为从历史中可以找到通则，但浸淫在历史中，仍然多少可以形成一些线索，找到某种模糊的通例或模式，获得某些"可能性知识"，以把握不可知的未来。

"可能性知识"并不完全精确，但不精确的"可能性知识"却可能有很大的用处。在这里我举历史上一些以寡击众的史事为例，如晋楚城濮之战、楚汉成皋之战、韩信破赵之战、新汉昆阳之战、袁曹官渡之战、吴魏赤壁之战、吴蜀彝陵之战、秦晋淝水之战等等，往往出现一些较常出现的可能性要素。我归纳了一下这些战役以寡击众、以少胜多的要素，共有十三项：一、士气；二、纪律；三、指挥官的能力，包括事前部署、合纵连横、消除后顾之忧；四、关键突击；五、各种佯装，包括沙苑之役藏于芦苇，佯退；六、侧翼伏击或夹击；七、由后包抄，然后形成前后夹击之势；八、心理战；九、不能分散用兵或逐次用兵，而是将最大兵力集中于一点；十、防止分散而被各个击破（如官渡之战）；十一、辎重、粮草（及拦截粮草时要运用充足的兵力）；十二、南北，北攻南要克服舟师问题；十三、北伐之所以不能成功，常常是因为粮草的补给问题，而粮草会给当地带来极大的危险。此外，我也从历代战史中得到一个印象：许多关键战役中，一支数目几千或上万的精锐部队（"选锋"）非常重要。如唐太宗为秦王时所率领的精锐骑兵，宋太祖也有一支这样的军队，金有"硬军"，韩世忠、岳飞有"背嵬军",等等,这方面的例子很多,不一而足,这也几乎成为一个可供人们循守的"史例"。我对军事史并无深入了解,但是我在研读历史上若干以寡击众的战役时,以上各点经常出现,而它们也就形成浮现在心中的"可能性知识"。① 如果我是一个指挥战争的人,再遇到类似的情境时,上述"可能性知识"便当涌现心头,成为与我"同时代"的历史知识。

从许多人的证言中可以看出,当人们感觉古今情境相仿佛时,会从历史的前例中找寻。例如拿破仑深受普鲁塔克《英雄传》的影响,精研意大利各地的历史。所以当他进军意大利时,简直像来到一个熟悉的环境,无往不利,这一点从路德维希所写的《拿破仑传》中便可以轻易看出。在临场的感觉中,随机引发古今对照感,是历史发挥现实作用很重要的方式。二战期间率领盟军登陆诺曼底的艾森豪威尔(Dwight David Eisenhower, 1890—1969)在他的回忆录中说到,他自学生时代以来便对战史有浓厚的兴趣,尤其对希腊罗马的许多史事非常熟悉,甚至到了讲错一个人名或一个年份都有办法订

---

① 历史教训发生的方式,常常在一个人的脑海中以古"类比"今日的方式出现。如一大批伟大的文学作品是从古代历史而来,如果没有古罗马史事的激发,司汤达(Stendhal, 1783—1842)的想象力绝无法喷薄而出。许多我们认为是全新的史事,其实往往有历史的痕迹可循。日本制造"满洲国",敏感的人便知道它是学拿破仑制造莱茵同盟的故智,而且很快便指出这是历史上一个失败的案例。蒋方震著,谭徐锋主编,《蒋百里全集》卷四,页342。

正的地步。对汉尼拔史事的熟悉,对希腊、罗马史事的熟悉,使他在遇到相近似的境况时,往往能迅速从这些历史资源中取得参照,盱衡现实,做出决断。这样的参照不是原样照搬,而是帮助自己针对实际的情况做出决定。

西班牙治理美洲的方式有些是从与摩尔人的战争中得来的教训;殖民地美洲独立的经验,也影响到二战后英国让各国独立的决定。这两者虽然相差一百七十年左右,但是前面的历史对后者的决定有了重要的影响。另一个例子是"俄国","俄国"仿佛是欧洲强权国家一道永远的习题。腓特烈大帝曾说"没有欧洲国家可能征服俄国",在相仿佛的境况下,拿破仑、希特勒两度重蹈历史的覆辙。[1] 即以当代为例,遇到某种关键情境时,人们脑海里也每每会勾起历史上相仿佛的事件。譬如德国总理默克尔在 2017 年大量接纳中东难民,引起了德国内部重大的不安及执政党的危机。当时便不断有人勾连起罗马帝国衰亡史中,罗马后期蛮族入侵帝国边缘的历史及其引发的危机。同时我也注意到,有德国人翻译了晋代江统的《徙戎论》,在这篇政论中,江统提到"关中之人百余万口,率其少多,戎狄居半",并且建议迁返胡人,可以"除旦夕之损,建终年之

---

[1] Reinhart Koselleck, *Sediments of Time: On Possible Histories*, p. 180.

益"。江统的提议未被采纳，不到十年即发生五胡乱华。我不清楚这篇译文在德国实际产生的影响为何，但它可以作为我们讨论主题的一个例证。一方面是古代的成例，另一方面接纳大量难民是不可推却的人道关怀，人们要在这个关键之处做抉择。

中国历史上这方面的例子很多，譬如《三国志》或《三国演义》中汉灵帝与十常侍的故事——懒惰无能的皇帝被一群能干的太监围绕着，帮他把所有忧劳的事情处理了，皇帝只要安逸地生活即可。但同时，太监（或臣仆）则吞噬了皇帝的权力，终至任意摆布皇帝。在历史上这样的戏码反复上演，遇到相仿佛的情境时，人们每每想起十常侍，但人们却又总是没有学到教训。又如南北朝中的南朝，经宋齐梁陈四代，在前三代时，北方来的政权依靠北府兵的力量勉力维持着，可是到了陈朝，北府兵的力量消退了，南方当地人的力量起来主导。当人们面临类似的情境时（外来政权到第三、第四代统治时），便可能关注这段史事，希望从中得到教训。史事的引导作用是不受时间限制的，即使到了抗日战争，碰到与当年拿破仑征俄的相似情境时，蒋介石提出"以空间换取时间"，毛泽东提出"持久战"，蒋百里、白崇禧等也有这样的战略。依照白先勇的看法，其父"以空间换取时间"的想法，乃是受到俄国拖垮拿破仑的相仿佛历史情境的影响。①

在这一张清单愈拉愈长之前,我要再以1947年国民党名将张灵甫所领导的孟良崮战役为例。这场战役的布局,使当时一些熟悉三国史事的人想起诸葛亮的"街亭之役"。两场战役相隔一千多年,但人们认为它们有其仿佛性。但可能因之前涟水之役张氏即用此战略获胜,故即使他是熟读三国的,仍未警觉,甚至认为一定会得胜。所以在全军覆没之前两天,仍然信心满满,而没想到形势竟然急转直下。②

总之,这个世界上没有两片完全相同的叶子,古今也没有两件完全相同的史事,但这并不表示没有相仿佛的境遇,也不表示没有"可能性的知识"。

"重访"历史以开拓各种认识的可能性

历史中有许多若相仿佛的情境,帮助我们在相似的境遇中把握事情的内核并做出回应。但是,它也提供许多"陌生的他者"帮助我们跳出自然的内卷化,或以"我"为核心的层层牵缠与包裹。读历史可以让我们"重

---

① 白先勇,《父亲与民国:白崇禧将军身影集》(台北:时报文化出版公司,2012),页10。
② 不过有人认为,从大局面看,当时国民党军队凡计划由几支军队合围之事,从未成功过,孟良崮战役亦如此。

访"过去，在《执拗的低音》里，我曾经谈过这个问题，现在我想再更深入地探讨"重访"的必要性。

"重访"是一个人生的任务，许多东西已经从当代科学、理性中消失了，"重访"不只要找与我们相仿佛的境况，同时也要发现异于我们的、不熟悉的，或是忘了怎么问的问题，借以使自己跳出洞穴的偶像，找到"陌生的他者"，找到另一个选择（an alternatives），找到可能的新资源。重新注目"他者"、扩大个人的经验范围，能够使我们逃脱满眼所见都是"现在"的束缚，增加新的视野。熟悉的知识很重要，但陌生的知识也非常重要。在现代人看来陌生甚至有些不合理的知识，也许有助于提醒我们问已经忘了怎么问的问题。了解自我应该是要将自我放在历史的视野（perspective）中，这应该要包括许多我们熟悉的及陌生的知识，以避免一步步走向"内卷"而不自知。

人们经常将现况本质化，如身心分离是近一两百年来才有的想法，而我们却认为它是人类的"本质"。"重访"是一种重要的能力，使我们的思考与生活不致陷入内卷化，但对"重访"的结果要采取何种态度，仍是由自己决定。欧洲设计师每每先回到历史，了解在原始情况中，为什么形成某种新工具，在新环境下能如何应对新状况，甚至于在美学及实用的考量中，看看有无旧元素可以用进去。

"重访"也使得人们可以导正占据历史舞台的诬史，如后梁的朱温。在薛居正《旧五代史》中，他是舜的司徒朱虎的四十三世孙，这个世系不知是从何而来。又如石敬瑭，《旧五代史》说他是汉代丞相石奋之后，欧阳修的《新五代史》才说他是异族，"其父臬捩鸡，本出于西夷"。① 历史在舞台上时刻上演，如果历史没有"重访"，古往今来发生过的许多事便从人们的视野中永远消失了。罗马史大师西奥多·蒙森（Theodor Mommsen, 1817—1903）完成《罗马行省史》研究后，有人说："一个消逝了的世界，由于一个人的天才而得重现。"② 又说经他研究之后的罗马城成为奥古斯都（Augustus）豪语中的，他接受的是一座砖城，而遗下了一座（璀璨的）大理石城。"重访"可能复活某种早已被忽略的"理想"，或带进了可能性。

昆廷·斯金纳（Quentin Skinner, 1940 年生）在 1998 年出版的《自由主义之前的自由》（*Liberty Before Liberalism*）重新揭开一个 17 世纪政治思想地景中久为人所忽略或遗忘的政治思想派别，同时以它为基础反省当代的自由主义。他认为在 17 世纪中期有一派所谓新罗马主义的政治思想。新罗马主义者们（neo-roman theorists）活跃

---

① 柴德赓，《史籍举要》（台北：汉京文化事业有限公司，1985），页 167。
② 乔治·皮博迪·古奇（G. P. Gooch），《十九世纪历史学与历史学家》下册（北京：商务印书馆，1989），页 773。

于内战至查理二世统治期间,以哈林顿(James Harrington, 1611—1677)、弥尔顿(John Milton, 1608—1674)等人为主。他们主要受到李维(Titus Livius,前59—17)、萨卢斯特(Sallust,前86—前34)、塔西佗(Tacitus,约55—约120)等人以及罗马法的学术汇编(Digest)中有关奴役、推翻王制、自由人之类主题的影响,在对抗查理一世声称拥有征税及否决(prerogative & discretionary rights)等特权时,遂产生了一种介于古典共和主义与自由主义雏形之间的理论思潮。这股思潮的核心关怀,是尝试借由援引古罗马共和的模型,以指出个人在政治社会中如何可被视为拥有自由(individual liberty),而他们所得出的结论通常导向一种反君主制的结论:政治共同体的主体必须是全体人民,而非君主或寡头,换言之即是共同体当中通过的任何法律,都必须奠基在人民全体的同意之上,政体形态则应采取混合制,或由人民代表作为实权掌握者的共和制。从公民自由(civil liberty)的角度视之,这是一支完全对反于霍布斯(Thomas Hobbes, 1588—1679)的理论体系,当他们声称只有活在自由国家中的公民是自由的,霍布斯的反驳却指出,无论在什么体制下,法律所规定的范围之外,便是公民自由之所在。

新罗马主义(neo-roman theory)伴随着商业资本主义的兴起而式微,斯金纳的观点使这套理论在资产阶级冀求的文明、典雅及利益竞逐等观念下,反而显得有种粗鄙的乡绅色彩，也因此在自由理论中所占据的位置便在18世纪中期被效益主义取代。然而放在当代的视角下来看，挖掘这一段思潮确有其重要意义。首先，自然是为理解自由主义的发展系谱，在霍布斯与边沁（Jeremy Bentham, 1748—1832）之间补上了一块拼图。霍布斯的自由观念虽然是独创，彼时对共和政权及复辟后的政治环境形塑扮演关键角色的或许仍是新罗马主义者们。其次，斯金纳认为这一波思潮虽然就自由主义的形态而言停止了，但共和理念却对美洲革命发生了重要影响，例如哈林顿的《大洋国》（Oceana）中的公民战士（civil warrior）。最后是由斯金纳与佩蒂特（Philip Pettit, 1945年生）在此一主题的基础上，发展了新共和主义理论系统以作为当代政治理论的改良性元素，并由此衍生出自由意志及免于支配（free from manipulation）等新的理解。斯金纳认为他透过"重访"所发掘的这些可以纠正当前西方的民主风气，尤其是由伯林所倡导的区分积极自由、消极自由的风气。①

亚当·弗格森（Adam Ferguson, 1723—1816）在苏

---

① 斯金纳认为它导致一种偏颇的或左翼的政治立场，而新罗马传统则可以救治之。作为理想的公民要求其法律与生活要合乎一套"德性"（moral virtues），而与之敌对的一派以霍布斯为代表，则认为自由来自土地所有权，它为法律所保护。虽在法律下，但只极微少地与state发生关系，使得马克思主义者或霍布斯主义者了解保护"公民自由"（civil liberty）的重要性，并借此提倡一种比古典自由主义更包容、更丰富的"公民自由"。Quentin Skinner, *Liberty Before Liberalism* (New York: Cambridge University Press, 1998), p. 70.

格兰启蒙运动中是边缘人物,他的著作《罗马共和之衰亡》(*The History of the Progress and Termination of the Roman Republic*)重访了罗马历史,"共和主义"的危机是其论述的主轴,弗格森认为恺撒是因人民的民主拥戴而成为独裁的。弗格森的《文明社会史论》(*Ferguson: An Essay on the History of Civil Society*)出版隔年即被译成德文而影响黑格尔,黑格尔的"市民社会"理论即"文明社会"之误译。弗格森在书中透过重访文明社会的历史,指出太过文明化、商业化的缺点,也指出"帝国"不应过度扩大,官僚太多会造成独裁。

最近在一本由政治思想史教授 Annelien De Dijn 所写的 *Freedom: An Unruly History* 中,我再度了解到历史重访对于现实的重要作用。作者说,她之所以动念写这本书,是因为奥巴马当政时为了推动健保所受到的阻力。当时人们流行的"自由"观念认为这是政府扩权并对民主有害——自由是政府不要多管事,一种带有个体的,甚至无政府意味的观念。这使得政府做任何有意义、进步的变革都很困难。于是她重访"自由"的两千年史,发现在古雅典时期,自由的原初意涵是人们有能力去控制或促发政府使事情发生。作者指出古代雅典的自由在 19 世纪被新式的自由思想所掩盖,自由不再是治理,而是如何使自己从统治中脱出,政府愈小自己便愈自由——不管是谁在控制政府。①

历史可能是一种"负担",也可以是一种解放。我所指的"负担"就像尼采在《历史对于人生的利弊》里头对兰克(Leopold von Ranke, 1795—1886)以来的历史主义的批评,尼采说他们将历史片段化、碎片化,跟现实脱节,任由过去的历史重压在人的身上。尼采的话不尽公平,其实,历史也有解放的功能,如果不回顾前史,很可能就像前面所提到的,不知道"心"和"物"的二元分割其实是近一两百年才从西方发展出来的,而后来人们却将"心"和"物"二分当成讨论人的一种本质性的东西。又如21世纪强调资本主义的本质是自身利益(self-interest)与竞争,很多人都认为,这个观点来自亚当·斯密(Adam Smith)的《国富论》。可是阿马蒂亚·森(Amartya Sen, 1933年生)重新审视亚当·斯密的著作,就发现他所讨论的自身利益与竞争还在一定的范围内,是有分寸的。②

以我个人的研究为例。我主要从事15世纪以降到近代的思想史研究,我首先想了解的是近世社会以及近代思想的形成。简单地说,是什么造就了近代?是什么造就了我们今天的思想与生活?透过这些研究,我也知道

---

① Annelien De Dijn, *Freedom: An Unruly History* (Cambridge: Harvard University Press, 2020).
② Amartya Sen, *On Ethics and Economics, Wiley-Blackwell* (NY: Blackwell, 1991), Ch1.

了这些形成过程中原本是有许多条路可走的，我们不应该把近代历史中当令的势力本质化，以为始终只有这条道路，我们应对现实的境况有更多的思考与选择。

"在心上的"与"在手上的"

我们一般都同意现代人缺乏"历史意识"。但究竟什么是日常生活中的"历史意识"？在这里我想谈一点个人的看法。

人们对"历史意识"并没有一个比较确定的说法，以下我将列举几种说法。譬如，知道所有事情都有来历，都继承了过去或改变了过去，才变成现在的样子。而现在的抉择与行动也将影响到未来。而且还能了解历史的"乖张"、不可确定性。正如吉本所说："历史是一个暧昧的历程。"艾略特（T. S. Eliot, 1888—1965）说："只有在我们能够看到并且考虑到他们和我们自己之间的区别时，才能够真正对我们有帮助。"[①]

洪堡（Friedrich Wilhelm Heinrich Alexander von Humboldt, 1769—1859）虽然没有用"历史意识"这个

[①] T. S. Eliot, "Tradition and the Individual Talent", *Selected Essays 1917 - 1932* (NY: Harcourt, Brace and Company, 1932), p. 5. 本文中的译文皆参考卞之琳、李赋宁等译，《传统与个人才能：艾略特文集·论文》（上海：上海译文出版社，2012），以下不赘。

词,但是我认为下面一段话是他对历史意识的看法:"历史学的基本要素,是史家对事件真确性的敏锐程度……知道世间事物是不断在变化着的,并且包括史家感觉到特定时空中的某件事情一定与它之前伴随而生的事相关联,受其限制及影响。"同时,"他知道一个事件有它内在精神的自由,有它的限制,也知道它受到偶发因素的影响,更受必然性的约束"。① 当然,"历史意识"可以是充分了解"过去"与"现在"的距离,但又从中汲取养分,它也可以是一种"反瞻",是在事情正在形成时,试着用未来几代人的眼睛来看此刻正在进展的事,看出它们的可能。而在中古时代,过去与现在之间的距离是模糊的。

有人认为历史意识使得政治人物更知道变革的必要,但也有人认为更为相反,因为有历史意识所以要更尊重过去。有的说是:"因为对过去的理解与诠释,而帮助我们对现在的理解,并思考未来。"或是用一个历史的参考框架,检视材料,反思历史或历史概念的用处。而且谁都要宣称"历史意识"与他们的行道有关,如管理学的历史转向。②

史学家 Jörn Rüsen 2004 年的一篇论文中,对历史意

---

① 洪堡著,胡昌智译,《论史家的任务》(On the Task of the Historians)《西洋史集刊》,2(1990.12),页 203—223。
② Roy Suddaby, "Toward a Historical Consciousness: Following the Historic Turn in Management Thought", *Management* 19(1), 2016, pp. 46-60.

识提出了四种办法，我把这四种办法看成当"过去"与我们当前交汇时，可以做的选择。

Jösen Rüsen 说，在约翰逊 1775 年出版的 *Journey to the Western Islands of Scotland* 中有这样一则故事。在苏格兰高地有一座 Duart 城堡是麦克连（MacLean Clan）家族的祖居地，在城堡上刻有一段话："如果有一天，任何一个麦克罗尼希（Maclonich）家族的成员出现在城堡前，即使他是在半夜出现，身上提着一颗人头，他也应该立即被请进城堡，得到所有可能的保护。"这段铭文是因一段故事而来。在 15 世纪，为了占据一块土地，麦克连家族的勇士与卡麦隆家族（Cameron）争战，战败之后，领主怀孕的太太被征服者俘获，交给麦克罗尼希家族看管并留下一道指令，如果这名妇女生男孩则应立即杀掉，如果是女儿则可以存活。就在这名妇女生下男孩时，麦克罗尼希家族的一位太太生了女孩，他们偷偷把婴儿换了，男孩长大后重新收复故土，并在自家城堡上刻下前面那段铭文，并在城堡中留下一个空间作为可能来到的人的避难所。

Jörn Rüsen 说，如果近千年之后，有一个暗夜，麦克罗尼希家族的伊恩因犯罪被警员追捕而逃到 Duart 城堡前要求保护，麦克连家族的后人可以有几种做法：第一，因为你认为一千年前的历史约定仍有约束力，赶快让他进来并保护他；第二，因为一些其他原因，譬如为了回报一千年前的"恩情"或其他原因（而不是约定的效力），你决定让他进来并保护他；第三，拒绝藏匿伊恩，但你还是复述千年前的故事及城墙上的铭文，同时表示你并不相信它，或是说自从英国现代法律系统实行之后，古代家族之间的约定已经失效了；第四，你可以劝伊恩，躲藏是没有用的，但你可以尽可能帮他，譬如帮他请律师，为了表示尊重，你仍复述整个故事及铭文，但加上一段话，在过去千年中法律已经经历许多变革，但于历史你仍觉得应该帮助任何麦克罗尼西家族的人。[①] 历史意识如何进入我们现实的道德思考及行动，在这里具有"历史意识"并不必然是不问现实，只顾着照铭文上所说的去做，而是既充分考量历史，也充分考量现实。

在本书中，我是这样定义日常生活中的"历史意识"的："历史意识"不一定是遵循过去的历史，"历史意识"是一种状态，"努力使历史上的成为此刻现实中的同时性（contemporary）的意识"，或"使历史上的成为我同时代的"意识。我认为日常生活中的"历史意识"是：我们不只活在当下，同时还活在历史里，过去与我们构成一个同时存在的整体，要将"历史的"变成与我

---

① Jörn Rüsen, "Historical Conciseness: Narrative Structure, Moral Function, and Ontogenetic Development", in Peter Seixas ed., *Theorizing Historical Conciseness* (Toronto: University of Toronto Press, 2004), pp. 63–65.

"同时代的",此即日常生活中的历史意识。"过去"是一个层层累积的巨大混合体,同时"现实"也在不停地奔流——我们不知它是否在朝某个唯一方向奔流,也不知道它是否是同一条河流在奔流,但是我们要设法让"过去"与"现在"形成一种"同时性"。

我所提到的"使历史上的成为我同时代"的意识,与艾略特说的文学创作中之"历史意识"相近。他在《传统与个人才能》中说:"这种历史意识包括一种感觉,即不仅感觉到过去的过去性,而且也感觉到它的现在性。这种历史意识迫使一个人写作时不仅对他自己一代了如指掌,而且感觉到从荷马开始的全部欧洲文学,以及在这个大范围中他自己国家的全部文学,构成一个同时存在的整体,组成一个同时存在的体系。"他又说:"这种历史意识既意识到什么是超时间的,也意识到什么是有时间性的,而且还意识到超时间的和有时间性的东西是结合在一起的。"[①] 也就是说,"当一个人具备历史意识时,在他的意识中,历史上发生的事情跟他之间有处于同一个时代的感受",所以必须衡量它、审度它,从中吸取教训。如果历史上发生的事情并没有与我们产生"同时代"感,那跟我们就没什么实际的关系了。

既然我对日常生活中的"历史意识"的定义是把过

---

① T. S. Eliot, "Tradition and the Individual Talent", p. 4.

去的"成为我们的同时的"（cotemporary to us），既然只是成为眼前的同时，那么不一定是"照着做"，也可以是"接着做"。

为了说明历史意识活动中，"knowing"与"doing"之间究竟是"照着做"还是"接着做"，我铸造了两个观念：一是"在心上"与"在手上"的区别，一是借用自龚自珍的"大出入"观念。在这里我要先谈"在心上"与"在手上"的区别，并试着谈一下如何化"在心上"的为"在手上"的，也就是如何化 knowing 为 doing。《尚书》中说"敷奏以言"，接着是"明试以功"，前者是 knowing，后者是 doing。就像军队，读完操典、战史等，还要不断地演习，使 knowing 的部分成为自然而然的 doing 的部分，使得前面的我及后面的我能合在一起。所谓读史是为了在历史中"求识"，那么所谓的"识"，便包括"照着做"与"接着做"，而且还要能随时判断何时应"照着做"，何时应"接着做"。就像法学传授专门的、基础的学理，但受教的律师随时要面对一个战斗状态（为当事人辩护），并提出一个"方案"。这个方案可能涉及一些学理性的问题，譬如有关"正当防卫"的各家各派的学理研究，这时他可能得回去请教教授，他必须随时注意各种相关条文的修订，注意到各处去搜寻有利的证据，等等。总之，他随时要针对现况，把所有用得上的资源派上用场，形成可用的"方案"，这便是从"在心上"的到"在手上"变化。

我个人认为,克劳塞维茨的经典之作《战争论》中,有一个重要的部分就是在教导人们如何将战史运用到实际的战争之中。克劳塞维茨常强调"科学"与"艺术"的不同,也就是说战争的历史、战争的知识是科学的,但运用之妙存乎一心,那是"艺术"。《战争论》的最后一两章,在区别历史上的战史和实际上的情事时,谈到"科学"和"艺术"虽然不同,但两者有关系,"knowing"与"doing"亦然。克劳塞维茨说:"科学必须成为艺术","亦即这知识必须彻底融入头脑,几乎完全不再是某种客观的东西","通过与他本人的心灵和生命的这一完全同化,知识转变成真正的能力"。[①] 在《战争艺术或战争科学》中他说,"行(doing)"无法恰当地写在任何书本里,因而"艺术"也绝不应用为一本书的书名(and therefore also art should never be the title of a book)。[②] "科学"与"艺术"并不能截然切分,两者永远要在一起,"科学"中也有"艺术"的成分。"判断"属于一种"艺术",但其中也有高低之分。

在我看来,"科学的"是照着客观的学问去做,"艺术的"则是如何将客观之学运用到现实的境况之中,本身即是有许多考量、适应、变通。克氏在许多地方,论

---

① 克劳塞维茨著,格雷厄姆英译,时殷弘译,《论战争的性质》,页157。
② 同上书,页160—161。

证何以纯学问的专家未能成为一流的将领,其中原因之一便在未能变"学问的"为"艺术的"。所谓"艺术的"是经过另一个自然意识的阶段才有可能成为自己的生活知识,也就是说从历史里来的生活知识只能是别人的生活知识,而不是生活本身的知识。

《资治通鉴》在讲一件历史中大事的发展时,常常将臣下的各种不同意见一一胪列之后,再从事情最后的发展回头去看,究竟哪一家的建议比较对,然后司马光再做一个评析。这也是磨炼读者从"在心上"转到"在手上"的一种办法。读史要充分熟悉史事,并时时磨炼自己,使得自己像是历史上的那位人物,使得自己可以几乎脱口而出,说出历史人物想说的"下一句话"。① 我觉得这"下一句话"颇值得注意,对史家而言是指几乎能客观重建所研究的人或事,而对用史的人来说,即是几乎能替历史中的人物决定在那样的局面下,下一步要怎么走。"在心上"的,是尽可能掌握所有的历史曲折与细节,"在手上"的,是几乎能说出下一句话、做出下一个行动的能力。

人们遇到特定情境而召唤历史知识时,就像一个掉进水里的人,他要奋力挣扎求救,把所有用得上的东西都抓到手里,就像一个坐在被告席上的嫌疑犯,为了答

---

① Geoffrey Elton 曾说,一位好的史学家,在彻底研究历史人物之后,应该几乎能说出他所研究的历史人物要说的下一句话。

辩，必须马上把所有用得上的证据都搬出来。不管是个人或团体，随时都会面临决定、挑战，在这种前景不明、危疑不定、来势汹汹的时刻，历史行动中的人物所能倚靠的是平日知识的积贮。历史知识的积贮提供了"参考架构"：当一个人内心中的积贮愈丰富、愈深刻的时候，他便愈可能针对眼前所遇到的某一个问题或事物产生特定的熟悉感、具体感，而能更有创意地回应它们。

历史知识如何化为实践性知识，如何由"科学的"成为"艺术的"，如何由"知"的变成"行"的，如何由"knowing"变成"doing"，如何由说得一口好菜到做得一手好菜，从说得一口好经济到真能振兴经济，这件事非常复杂。每个人的心智、才能、性格等复合性的因素在这件事上，就像"智育""德育"始终不一定是同一件事一般。具备了心智、性格、才能，但最重要的仍然是"经验"，在临床技巧、航海、医药等方面尤其如此。

一个学习历史的人要如何从"在心上"的到"在手上"的，这大致可以分成几个步骤。首先是设身处地地读史，使自己成为历史的热情探索者，以深入体会历史的曲折，积贮一笔历史的资本。读史当置身其间，观其成败；读史当贯穿一事之本末，细审症结之存在，使之化为"可行动化"的知识。第二，是王阳明所说的"事上磨练"或颜元说的"犯手作"。王阳明强调，熟读两京十三省地图与实际走一次两京十三省的路程是不同的,前者即"在心上",后者即"在手上",但是不熟悉两京十三省的地图,也到不了京师。好比军人在受过各种训练之后,他仍只是"在心上",而不是"在手上"。除了熟记准则、反复训练之外,还有仿真情境的演习,到了不但能"照着讲",还能"接着讲",或是"能说出下一句话""能做出下一个动作"的地步。好比画家,不停地临摹、练习技法,创作时是"思之不思""不思之思"。透过练习,使"在心上"的逐渐转为"在手上"的。美国第二次世界大战的几位五星上将,第一次投入战场时有些已是营长了,如布莱德雷在第一次上战场时,座车被炸飞,差点丢掉性命。足见"在心上"的与"在手上"的,还是有一道鸿沟要跨越。

在掌握经济事务一事上,也可以看出"在心上"与"在手上"之分别。在过去十多年,台湾经济不振,已是不争的事实。在一次又一次振兴经济方案的失败后,"中研院"的经济学院士被延揽入阁负责与经济有关的事务,包括对问题的厘清、分析可谓异常精辟准确,但是收效有限,人们逐渐发现这些了不得的经济学者"手感"不好,相同的问题也发生在许多地方。当人们做决定时,是以全身的重量在做决定,乃至个人气质、性格、胆气的全部展现。是全部"心量"在发挥作用,是使"在心上"的化为"在手上"的磨炼。

第三章

历史与个人生命的模式

前面的讨论偏重事，本章的讨论则偏重人，尤其是在性格与人格的养成这两个恼人的问题上，历史向我们展示了什么。

我在《人的消失?!——兼论20世纪史学中"非个人性历史力量"》①这篇文章中，说明近百年来中西方史学写作或是广义的人文学的研究取向中，有"去人格化"（depersonalized）的倾向，意即人的角色越来越模糊。这是20世纪人文学很大的危机，而史学著作中"人"的消失更是一个非常重要的现象。我们无法假装百年来的史学没有进步，事实上它帮助我们了解很多传统史学家所没有掌握的更深层的结构性因素。我们不可能简单地回到《史记》以来的纪传体，也不可能假装百年来的各种思潮没有发生过，但也不要过度地被它们牵着鼻子走，应该重新思考"人"在广义的人文学科中，尤其是历史学中的角色。

---

① 收入王汎森：《思想是生活的一种方式》（北京：北京大学出版社，2018年），页314—350。

"性格与历史"

古希腊的赫拉克利特（Heraclitus，约前544—前483）有一句名言"性格即是命运"，这句话提醒我们，人的性格是历史中一个必须思考的因素。我常常用一个比喻来讲性格跟命运的关系，即"门决定房子到什么程度"或是"房子决定门到什么程度"。[1] 我们不可能为一个小房子盖一个极大的门，也不大可能为极大的房子盖一个极小的门，所以门跟房子是互相决定的，它们不可能是完全没有关系的，也不可能单方面决定对方。打麻将时，有的人拿到一手好牌可还是输了，有的人拿到一手不怎样的牌，凭着高超的技巧、凭着运气，或是凭借在牌局过程中与他人的互动，最后赢了。当然拿到一手一塌糊涂的牌，即使是牌中高手，获胜的机会也偏低。就像性格不可能完全决定命运，有些人有极好的禀赋，但他的人生还是失败了；而有些人天生禀赋不怎样，却在一些特殊的地方运用所长，他的人生结局还是好的。所以我对赫拉克利特的"性格即命运"并不完全反对，

---

[1] 神学家保罗·田立克（Paul Tillich, 1886—1965）在《系统神学》里说："神学跟现实的关系就像是门决定房子到什么程度，或是房子决定门到什么程度。"书中提及相关的方法论不少，特别是神学影响现实，现实也会回过来影响神学。Paul Tillich，龚书森、尤隆文译，《系统神学》（第一卷）（台南：台湾教会公报社，1993），页4—48。

但也不完全同意，人的性格跟他的命运是互相决定的，后天要依靠先天，先天也要靠后天。

"性格"这么独特的东西怎么能成为历史的题目？其实"性格"是个很重要的历史题目。每个时代都会有某种偏好的性格特质，这其实反映了时代的思想心态，而每个文明、每个国家、每个时代的标准都是不一样的，这就是一个历史的题目，也可以是比较史的问题。譬如中国史书中常常用来形容某人从小所显示的伟人气质是"弱不好弄"，在西方则可能认为从小不好动，是个贬义词。秦汉以前跟魏晋南北朝、宋代前后、民国跟清朝、五四运动前后等，偏好的人格特质都是不一样的。在这里我想以历史中的各种事例，说明人可以因"转""量才适性"，超越自己天生性格的限制，而得到成就、事业与人生的智慧和勇气。肯尼斯·伯克（Kenneth Burke, 1897—1993）说过："一个故事先于一个人生。"这句话看来很玄妙，大意是说人生本来是茫茫无定的，而历史的范例可以赋予生命轨迹。许多人的人生，是从历史上某一个人物的轨迹中获得现实人生的暗示、指引，并赋予生命的结构。[①] 譬如苏东坡学白居易到了惟妙惟肖的

---

① 又如英译修昔底德（Thucydides，约前460—前400/396）的《历史》的霍布斯，在写作的方式上受到修昔底德推论架构的影响。Paul A. Rahe, "Thucydides as educator", in Williamson Murray, Richard H. Sinnreich eds., *The Past as Prologue: The Importance of History to the Military Profession*, p. 99.

地步，而清初的宋荦则自认为是苏东坡的后身，此后一生的生命轨迹、成就，也多与苏东坡相似。

史书对一个时代的人物性格形成有很大的影响，司马迁了不起的原因之一是他把人物的性格都写活了。清朝有名的史学家章学诚就抱怨中国历史上的正史写人的时候，太为"格套"所拘束，所以他只写一般传记不写进去的东西，如此才可以把那个人的性格凸显出来。不信的话我们可以去把正史里面的列传拿出来看，虽然内容各有不同，但大致上有个"格套"，这样的人格理想必然会影响到读者后来的人格塑造。二十四史中除了《史记》有《货殖列传》以外，《汉书》以后便没有了，不只影响了后人对商业的看法，对中国传统的社会道德与人格塑造也都有影响。传统中国不认为商业是一个重要的阶层，可是西方世界从15、16世纪以后商业是社会的主体。可见文明深受史书写法的影响。

西方有一部文学史的经典《摹仿论》，这本书是20世纪非常有名的一位文学史家在躲避战争时写成的。《摹仿论》说，西方人的性格有很长一段时间很受《圣经》里面的人物的影响。就像前面所说的，中国文化亦有很长一段时间，总是力求人的性格合于某些格套。故我们不要以为性格是个人的，其实它暗中受了几种"格套"的影响，历史书写里面认为怎样的是好人，怎样的是将来有前途的，都潜移默化地影响着时代中的人们，提供了一些模型与典范，所以"性格"也可以是一个普遍的课题。

由于《碑传集》常常汇集一个时代各种人物的传记，所以透过几种《碑传集》的比较，可以看出人的性格在每个时代的不同模式（pattern），而这些模式又反过来影响众人。譬如，在《民国人物碑传集》里，我注意到能被收入的人物性格与古代的模式不同，近现代的人物性格要有相当的能动性、要有斗的能力才能成为主角。这是一个大的变化，近代很多名人的个性在传统文化书写里是不入流的，可见一个时代的现实格局与人格型式之间的紧密互动性，而当这些成功的人格又成为一代典范时，对于年轻一辈的影响是非常重大的。

历史提供许多典范性人物，让它的读者们学习。实际人物的模型其实比抽象的哲理更具感染力，更有转移人的力量，许多人从小到大心中便有那么两三个想模仿的人物，这是隐隐然自我塑造的过程。晚清以来的人物很多是以曾国藩为模型来清理、引导自己的生命，例如蒋介石，还有早年的毛泽东。除了曾国藩，他的部下胡林翼，也是清末民初许多人学习、模仿的对象。蒋介石大力提倡胡林翼编的《读史兵略》，毛泽东的个性与做事风格里面，也有一部分受胡林翼影响，他把胡林翼的字号"润之"移作自己的字号，他说胡林翼办事又大又精，又说曾国藩、左宗棠、胡林翼把太平天国收拾得何等漂亮，即可见其倾向。

中国思想史里，对人的性格与自我是非常关注的，像魏晋玄学里面的"才性四本论"。《人物志》《世说新语》的很多内容都是讲性格的，譬如看一个人坐的姿态、醉的姿态，甚至是抢劫时的神态，就可以判断其性格，判断其未来成就。《人物志》把人的性格分成十八种，把人的才能跟性格两两相比，这种书在世界上并不多见，人类思想中很少把对人的"品藻"跟"风鉴"当作一个系统的哲学问题来思考。[1]《人物志》里认为，能担大任的性格是"既在乎又不在乎，不在乎中又时常在乎"。人的性格要像白开水一样，因为像白开水一样的人才能调和各种不同的味道，才能调和各种不同才能的人，所以《人物志》里面认为最高的性格是"平淡""中和"，"中和"兼有"平淡"和"聪明"，它就是像水一样，"真水无香"，真的水不能是香的，香的水不能煮饭、不能漱口。所以《人物志》里面认为最高的性格叫作"平淡""中和"，唯"平淡""中和"才能调和各种人物性格、各种团体并领导他们。

宋明理学中"变化气质"是一个重要的问题，有很深的思想和哲学的意涵在里面。明代著名的思想家吕

---

[1] 著名哲学家牟宗三先生有一本书叫《才性与玄理》，其中有很大的一部分就在讨论《人物志》这本书。这是魏晋思想的一个大题目，这个题目后来在历史上慢慢变得没有那么重要，但是在相当长的时间里，分析一个人的才能跟性格是中国思想里很重要的一部分。

坤，自号"新吾"——"新的我"，意即希望丢掉旧的我来成就新的我。但吕坤在《自纂墓志铭》中说"恨旧染之予污也，自号新吾，顾浣濯弗力，竟是旧吾云"，① 大意是我虽然花了几十年的工夫想要变成"新吾"，可是到这时候我发现仍然是旧的我在讲话。可见变化气质虽是可能的，但是很难彻底变化。朱熹自己也有类似的话，因为这个造物本来就是"万殊"的。世界是万殊的，是不同的，不同当然会不完美，但也因为不同才有意思，才有创造力。

我倾向人的性格里面分成很多层，就像法国当代年鉴学派大师布罗代尔提出历史有三个层次：事件、中时段、长时段。布罗代尔是认为长时段最有价值，而事件就像往天空投掷火把般，很快就恢复一片漆黑，所以事件是没有用的。我在考虑人的性格这个问题时，也想到布罗代尔的三层时间观。变化气质很难彻底做到，就像长时段，布罗代尔认为它包括气候、地理、物产，这些是千百年不变的。人的性格里面有一部分是不容易改变的，但是也有一部分，像局面、事件是可以变的。苹果虽然不能变成樱桃，但是可以将苹果培育成稀世珍品。尤其是十几、二十岁的时候，性格中比较表层的部分便比较容易改变，这是努力将自己塑造成一个想象中的理

---

① 吕坤，《自纂墓志铭》，《吕坤全集》（北京：中华书局，2008），页530。

想人格的机会。

但是正因许多天生的气质极难"变",所以是"转"而不是"变"。夏承焘《天风阁学词日记》里提到"转",他认为人的性格中有部分极难变但是可以"转"。[①]"转"就是"量才适性""尽其在我",只要用对地方、用对时机,人人都能有所成。我以为大致有两种不同的"转":领导者必须对属下"量才适性",将他们摆入合适的工作、合适的时机。自古以来,"官人"的用人便是一门很大的学问。有所谓"九品官人法",负责"官人"也应了解"转"的道理,体察部属性格的特点,即使是有明显的缺陷,但只要用在最合于这个性格发挥的位置上,所谓"因才器使",即有此意。

另一种"转"是针对自己的。针对自己有两种不同的"转",第一种"转"是前面所说的,转变自己性格中比较可能改变的层次,积极的"转"以改变性格中不好的部分,使自己成为一个更好的人。第二种"转"比较不一样,它是"量才适性",透过自己的反思或是他人的帮助,了解自己性格的特点,寻找一个为公众的利益、为善良的立意全力献身的机会。这个时候的"转"似乎有三个步骤:第一是认清自己的"才性"特质,第二是认清时代的情况,第三是选择一个适合的工作,全力投

---

① 夏承焘,《天风阁学词日记》(杭州:浙江古籍出版社,1992),页310。本书中论"转"的部分主要参考此书。

入自己。

清朝考证学大家阮元,是位了不得的经学家,同时也兼做大官,三十多岁就做巡抚,五十出头做总督,一路做到几乎没官可以做了,就被派到边区去做云贵总督,最后做体仁阁大学士。阮元编了几部大书,譬如《皇清经解》《经籍纂诂》等。当时浙江有诂经精舍,他让精舍里聪明的学生去写考证文章,资质平庸的学生则集合起来编了一部工具书《经籍纂诂》。两三百年来人们都还在用《经籍纂诂》,这是阮元给一群天资不高的学生设计的一件工作。如今《皇清经解》里那些聪明人写的文章都已经不大有人理会,而资质普通的人编的《经籍纂诂》则还在用。

傅斯年在《石屏诗集》(十卷,宋戴复古撰)第五册末自跋说:"黄尧圃(学问)可笑一至于此,彼好人所不好之事而专,遂留后世名,然则聪明不如专一也。"傅斯年认为,黄丕烈并不聪明,而是秉其性格,专一于版本目录之学,亦可以有特别的成就。① 傅斯年有句名言:"进我史语所的人即便是天资普通的人,将来也可以青史留名。"为什么?史语所中天资不高的人编材料书,天资高像陈寅恪这样的人去写他的《隋唐制度渊源略论稿》《唐代政治史述论稿》,而两者都有各自的贡献。

---

① 王汎森、邱仲麟主编,《傅斯年眉批题跋辑录》第四册(台北:"中研院"史语所,2020),页124。

夏承焘《天风阁学词日记》记载了一些历史人物如何"转"他们不好的性格而成有益之事的故事。《明史》记载张煌言早年"喜呼卢","呼卢"是赌博,张煌言从年轻时代就是个赌徒,没办法还人家赌债的时候,把家里的田产通通卖掉,这样个性的人后来成为有名的抗清烈士,他等于把这个不要命的部分"转"为一个忠臣要做的事情,成为抗清的英雄。另一个赌徒是桓温,桓温北伐时,很多人就讲:"这事情能交给桓温吗?"有人就说你看他赌博"不必得则不为",不会赢的事他绝对不干,所以他敢率军北伐就表示他一定有把握。桓温与张煌言,两人都是赌徒,但仔细看两人的性格还是有不一样的地方,所以有不一样的成就,一个成了烈士,一个则是将军。① 歌德曾有句名言,能有大成就的人有两个特色:一个是好的头脑,一个是好的时势。光有好头脑不够,还要继承一宗时代资产,所谓"时势"就像一个人继承了一笔庞大的遗产,这资产可能是正的也可能是负的。朱熹说,他发现某一个禅宗寺院墙上挂的历代大师都真的像土匪(渠魁)。这其实可以理解,禅宗要人斩断一切,逢佛杀佛,逢祖杀祖,逢罗汉杀罗汉,逢父母杀父母,逢亲眷杀亲眷,始得解脱。土匪般胆大断然的个性,可能对这个修道过程是有所帮助的。明代名僧紫

---

① 夏承焘,《天风阁学词日记》,页310—316。

柏尊者（1543—1603）的整个生命无不充满戏剧张力，而史传说他出家前饮酒恃气，自称"吾本杀猪屠狗之夫"。大约他是个混迹市井的无赖，偶然邂逅某一僧人，在虎丘寺听闻八十八佛名，隔天便剃度出家，从此一生不曾躺卧，直至圆寂。这一类的例子所在多有，也是"转"的一种表现。

《天风阁学词日记》上说，宋元人笔记说文天祥的头顶上有"凶发数茎"，看相的人就说头顶上有凶发的人不得好死，可是文天祥的"不得好死"选对了时机和情况，便成了"留取丹心照汗青"，人们到今天还在歌颂他的精神。又如"司马光砸缸"，好像他很急智，但是他同时代的前辈邵雍（是位非常聪明的人，他写《皇极经世》用非常复杂的术数之学推测人类遥远的未来），认为司马光只不过是一个天分不高的老实人，但司马光充分发挥他天分不高的老实的性格，耐着性子慢慢地去编《资治通鉴》。《资治通鉴》全书涵盖1362年，三百万字。耗时十九年，司马光留下了一部传世经典。

善用其短也可以成为人才。章学诚次子章华绂在道光大梁本《文史通义》序里面写到，其父是个天资普通的人，记忆力很差，所以没办法成为一个考据学家。清朝流行的是考据学，一个没办法成为考据学家的人，在当时是很难居于核心地位的。可是章学诚擅于思考，他就用自己的特质成就了一个了不起的史学家。现在回头去看，他与当时天资极高的考据学者戴震已经成了清代中期学术中并峙的双峰。

历史上开国跟治国的往往是两批人，第一群与第二群人略有不同，第二群人往往做不了第一群的人，可是当第一群人坚持要做第二群人的时候，国家往往就大乱了。开国是破坏、是不能遵守常规，开国者每每是靠武力攻伐而得天下，所以他们主要对付的是敌人；而治国时要常规化，不能再总是把人民当成"敌人"来处理。

从历史上看，还有一种"转"，是从整体社群出发讲的。在这里我要举日本思想史上重要的思想家荻生徂徕的话为例，进行讨论。他在《辨名》中有关"德"的一则话说："德者，得也。谓人各有所得于道也，或得诸性，或得诸学，皆以性殊焉。性人人殊，故德亦人人殊焉。夫道大矣，自非圣人，安能身合于道之大乎。故先王立德之名，而使学者各以其性所近，据而守之、修而崇之。……盖人性之殊，譬诸草木，区以别焉。虽圣人之善教，亦不能强之，故各随其性所近养以成其德，德立而材成，然后官之。及其材之成也，虽圣人亦有不能及者。"[①] 荻生徂徕从来不曾提出"转"的观念，但我觉得从荻生的思想中可以发掘出另一种"转"的道理。

---

① 荻生徂徕，《德》，《辨名》，收入荻生徂徕撰，今中宽司、奈良本辰也编辑，《荻生徂徕全集》第一册（东京：河出书房新社，1973—1978），页423。

荻生认为儒家圣人之学是"安天下"之学，一切学问是为了要"安天下"。他推崇孔子，但反对孟子等人专为"论辩"而不顾实际。圣人之道归于安民，所以荻生从社群的角度出发立论。从社群的角度立论，则一个健康的社群需要各色人等，而不是人人都成了一模一样的圣人，这也就是"德以性殊"。① 而从社群性来考虑这个问题，似乎有以下几个特征：一、"是皆以一德言之，不必兼众德也"，② 圣人岂不欲人人兼众德，但事实不可能；二、"故资治于君，资养于民，农工商贾皆相资为生，不能去其群独立于无人之乡者，惟人之性为然"③。也就是说，从社群出发考量，不是要各色人等变成一模一样的圣人，而是就各色人等加以培养、加以"转"，使其成为在一个社群中能充分发挥其天赋特性的健全分子。

另一方面，荻生反对宋儒"变化气质"之说，他认为"圣人不可学而至焉""故知变化气质之说非矣"，④ 性是可"移"的，不是可"变"的，这是一个关键性的论点。他强调人天生下来便"德之性殊"，只能"转"所不及之处，而不可能把个人彻底变成圣人。他发展一整套成德的工夫作为基础，这套基础事实上即他道德哲学中带有特色的部分。

---

① 荻生徂徕，《德》，《辨名》，《荻生徂徕全集》，页 424。
② 同上书，页 423。
③ 荻生徂徕，《仁》，《辨名》，《荻生徂徕全集》，页 425。
④ 荻生徂徕，《辨道》，《荻生徂徕全集》，页 414、419。

荻生徂徕在《辨名》《辨道》中反复强调人性各殊，米不可能变成麦，但他还是积极的。虽然不是人人可以变成圣人，但是各殊的人的"德"，仍有一个培养成长的过程，这也就是"德"与"至德"之不同，原先只是"德"，用礼乐、用仁智孝弟忠信等"养"之，便可以成为"至德"。故我设想荻生徂徕如果也讲"转"，是要讲在承认人人各殊的前提下，经过一个培养发展过程的"转"，经过这一"转"之后的"德"即是"得"也。

前面提到过，史书中提供我们两种"转"的形式：第一种"转"是积极的"转"，是尽量变化气质，即使不能把稻子变成麦子，但是也可以设法把很贫瘠的麦子变成饱满的麦子，这是积极的方式。第二种"转"是比较消极的，把有特殊才性的人放在对的位置，也可能有大成（"量才适性"）。"性格"与"历史"是一道永恒的习题，作为一个阅读历史的人，我们应时时在历史中识认出各种"性格"及各种形式的"转"，并转而在我们身上汲取、验证这些历史，使它成为我们现实生活的一部分。

历史中的典范人物

/

接着我想谈，历史是培养人格的宝库，它提供我们各种史例，成为各种人生的摹本。

曾经有一位记者访问我，谈如何成为一个领袖，我说我不足以谈这个问题。但是如果要我勉强举一个例子，小提琴家穆特（Anne Sophie Mutter，1963年生）说过一段话，要一个人成为航海家，先要给他看航海的美妙，他自己就有办法逐步摸索达到。就是说先要给他一个"vision"，譬如大船航行世界的壮阔之美。"vision"一旦刻在心里面之后，他便会设法学航海、造船等，以实现这个"vision"。

历史教导我们许多领袖人物的特质，譬如宏阔的心量，请比自己聪明的人来替自己做事情，集天下人之智为自己办事，等等。史书里面讲唐朝杨贵妃的哥哥杨国忠"以恶感恶"，绝不容纳任何一个比他能力强的人。"*genius loci*"是一个拉丁字，近年来慢慢有人在用，就是描述一个特定环境对心智的培养的力量（the spirit of a place）。熟悉近代思想的人都知道，康有为、梁启超、孙中山这三个人决定了晚清思想的走向。康有为说我们要在大自然里面"观"，看大自然来扩大我的心量，我觉得这就是用大自然的宏阔来扩充心量。康有为在《南海先生口说》跟他弟子的谈话中强调，"观"要在高远的地方看，"我大则事小"，也就是说你的心量如果够大，事情就小。

历史教导人们，做一个领袖人物要有挑战性的目标，如果缺乏一个有挑战性的远景和目标，下面做事的人就没有那种我要完成一些东西的热情。我们今天虽然觉得三民主义没有什么，可是孙中山当时提出三民主义时，很多人觉得这是一个了不起的远景（可惜他三民主义没有讲完，孙中山准备了材料要继续写，但陈炯明事件把他材料毁掉大半），让人们觉得我要跟着你走，就像训练跑步有个带跑的人在前面。当时冯玉祥在北方看到《建国方略》时大为感动，终于有了个具挑战性的远景与目标。所以一个领袖人物要提出一个具挑战性的远景。

历史提供许多我们现时不一定会遇到的典型人物，让人们可以随意在历史上找人作模范。接下来我要举几个例子，说明许多古今中外知名的领袖人物多少都会以历史名人为模范。

拿破仑是一个了不得的领袖，而且是非常有魅力的领袖，用韦伯的话讲是说 charismatic leadership。拿破仑也继承了时代的资本，即 1789 年革命以来的动荡。如果没有这笔资本，拿破仑可能也只是个普通的军官而已。拿破仑的人物典范是恺撒，他连头发的分法都跟恺撒一样。土耳其国父凯末尔是众多以拿破仑为模仿对象的人物之一；越战时期，越南民主共和国的军事领导人武元甲是历史老师出身，以对拿破仑史事的熟悉运用而起家。我一直很好奇为什么华盛顿在打完独立战争、出任总统之后，选择放弃荣华富贵，回到故乡的庄园。原来华盛顿的学习典范是古罗马大将军辛辛那提，古罗马那些有名的将军最理想的人格表现就是胜利之后回到家乡营造一个庄园，不要去干涉政府，然后在那边度其一生。

20世纪政治哲学大师约翰·罗尔斯（John Rawls, 1921—2002）死后，哈佛大学普特南（H. Putnam, 1926—2016）教授写了一篇悼文，说罗尔斯亦步亦趋地学林肯，读了几乎所有有关林肯的东西。他说罗尔斯有一个重要的思想概念"重叠意识"（overlapping consciousness），他怀疑是从林肯那边转手而来的。

前述苏东坡学白居易、宋荦学苏东坡，皆可见人物典范的作用。近代学者胡韫玉编了一本《包慎伯先生年谱》，包世臣（1775—1855）是清代中晚期的经世思想家。清朝考据学独领天下风潮多年，很重要的一个特质是太过专注于专门的细节，而跟现实脱离关系。因为考证学需要庞大的文献证据，要花很多时间在古书之上，所以考证学者的生活，当然脱离现实经世。包世臣的母亲说他"违俗为有用之学"，在考证学风之下，居然认为有用之学是违反潮流的。他做了很多现实的经世致用之务，胡韫玉编包世臣的年谱时，也以他为师。我注意到胡韫玉一生在家乡做了很多跟包世臣一样的事情，就知道他亦步亦趋地模仿包世臣。此外，晚清思想家冯桂芬学顾炎武（亭林），故字"林一"，他也是事事想模仿顾炎武。这一类的例子相当之多，此处便不一一赘述了。

从历史看来，"人"在历史中的角色非常重要，这是我一开始所讲的。尤其在结构即将转型的时候，关键少数的性格极其重要，但20世纪的史学流派基本上都是倾向"去人格化"，或不再关心胸襟、器识、格局的培养。唐代施肩吾有一句"大其心，容天下之物"，这里的"大其心"，就有"扩充心量"的意思。想象自己的心是一个浩大无比的空间（包括胸襟、器度），可以容纳天下万物，并想象用历史或一切用得上的知识与道理去充实它。

关键少数的重要性，历史中到处都可以看到。当年蒋经国所选的继承人如果不是李登辉而是林洋港，台湾后来的发展当然不一样。社会虽然有结构、经济、政治、潮流等等因素，这就像一个大水库，可是还得要有人打开水龙头。所以如果没有列宁，俄国的大革命可能仍旧会发生，但是不会以那样的方式发生。而才能、性格、心量在历史的关键时刻都扮演着重要的角色。

第四章

如何读史？
——从"读者"角度出发的观点

读史本是为了求"识","由历史而求人群之原理",① 而"识"来自事实(fact),但不限于事实,往往在事实与事实的虚实交会之处得出。"务精博"可以培养解析各种事物症结的能力,"观大略"则是一种理解整体大脉络的能力,"精博"与"大略"在阅读历史时都可以派上用处。

"观其得失而悟其会通"

"读史"的方法何其多,为了"求识"应如何阅读历史?首先要能"详观"史文,即我们所玩味的那一段历史,好像在我脑海中活了过来、亮了起来。还要能"善处"其间,宛如自己参与其事。接着要能"体认",也就

---

① 柳诒徵,《史识第六》,《国史要义》,页193。

是引回到自身,譬如古人古事有什么可以作为师法的?有什么可以警惕戒惧的?或前人在那些特定条件下,如何完成某些特定的事情?又或者他们为何失败?第二,从纷繁的事象中归纳出"类例",并能"知类通达",最好能从事象中见"理",甚至归纳出一些大致的"通则"。如我个人归纳出历史上若干举兵叛变,常常出现一个模式——不行动的话,可能被杀,家族也可能被族诛——便是一个例子。第三,"以古持今""以今持古",这里的"持"字解释为"扶助",要能以古"扶助"今,以今"扶助"古,还要"以近知远""以一知万""以微知著"。第四,要在事象与事象的联系交会处"观其得失而悟其会通"。第五,要在历史的长时段中,"察势观风""原始察终,见盛观衰"。柳诒徵曾说:"观其史之始末,入也","察风气之变迁,出也"。前者偏在事件,甚至中时段,后者偏在长时段。为了详究其"症结",不只是见大体、识变迁,在现代学术严格的客观规范下的历史研究,也是不可或缺的。

章太炎论读史之功:"从古迄今,事变至赜,处之者有经有权,观其得失而悟其会通,此读史之益也。""故读史须贯穿一事之本末,细审其症结所在,前因后果,了然胸中,而一代之典章制度,亦须熟谙而详识之。"[①]

[①] 章太炎,《讲演集》下,《章太炎全集》(上海:上海人民出版社,2015),页537。

这里要举有关"观其得失而悟其会通"的一个案例：祁寯藻的孙子祁景颐在他的《翰谷亭随笔》中，认为李鸿藻在同治驾崩时，因为缺乏勇气所犯下的错误，甚至导致大清帝国的危亡。他说："穆宗升遐，颇有异闻，群谓穆宗弥留有旨立嗣。公慑于孝钦威，竟以此先献，孝钦毁之。盖穆宗立嗣，嘉顺皇后为皇太后，可以垂帘听政，孝钦应为太皇太后，不能综揽政权，深忌嘉顺，而后乃不得不殉。孝钦遂立德宗为文宗后，俟再生子再为穆宗嗣，复以母后临朝矣。……而不谏孝钦请为穆宗立嗣，德宗虽立，终至母子乖违，而有己亥大阿哥溥儁之立，遂致拳乱误国，驯至清社以屋。中国以外交失败，至于危亡，推原其始，同、光执政者之久于朝廊，公固不得辞其责也。"① 事实当然没有这么简单，同治立嗣虽然有重要的影响，但是像"玉连环"一直牵扯到"清社以屋"，未免简化，但也不是完全无助于我们了解清末史事的发展。

科塞雷克经常区分三种时间："长程""中程""短程"。② 他认为长时段的历史虽然无法找出一个像科学家所说的定律，但是观察历史中的长时段是多少可以找出

---

① 祁景颐，《翰谷亭随笔》，收入祁寯藻等著，《〈青鹤〉笔记九种》（北京：中华书局，2007），页150—151。
② Reinhart Koselleck, "The Unknow Future and the Art of Prognosis", *The Practice of Conceptual History: Timing History, Spacing Concepts* (Stanford: Stanford University Press, 2002), pp. 131-147.

一个大趋势的。也就是说他觉得"长时段"的部分几乎是可以"预测"的,但是"中程"的事件则相当难预测。我认为事件、中时段、长时段三者互相交织式的读法,并且详究史事发展的"症结",才是较佳的读史方式。

朱熹在《朱子读书法》中也主张从"长时段"观照"事理"与"事势"。朱熹曾说,读春秋史要能瞻观两百四十多年的历史,① 从中看出历史的变化及治乱得失的"机括"。顾栋高(1679—1759)也说:"看《春秋》眼光须极远,近者十年数十年,远者通两百四十二年。"② 这样的说法,皆与科塞雷克的长时段是一致的,即从历史中的长时段中观察出大趋势。

朱子也有许多观点,可被用来研究历史"事件"。朱子说读史要看"事理、事情、事势"。首先,他认为读者要能"放开心胸,令其平易广阔",也就是要虚其心,才能如实接受书中的道理,也就是要"open to reality",而不是处处投射自己的主观意识,才能了解历史到底发生了些什么。这是一种对话性的关系,是内心逐渐深入历史的曲折,被它们所挑战,不断地扩充自己的视野,是一个由史事来开启自己的过程。所以朱子常用"挨"之类的话来形容我们与书本的关系,而且他劝人读书要读

---

① 朱熹著,张洪、齐熙编,冯先思点校,《朱子读书法》(杭州:浙江人民美术出版社,2017),页51。
② 柳诒徵,《史识第六》,《国史要义》,页178。

到极熟,要每一个字、每一个细节地"秤"量,要"将此身葬在书中","将心贴在书册上"。读书要熟到好像永远再也见不到这本书,所以他形容是如"作焚舟计","如相别计"。而且书要详玩到熟极而流,要"涵泳",要读出其"无穷之味",要读到"于文字边自有细字迸出来"的地步,要一层一层剥开书中涵藏的道理,像"数重物包裹在里面"。朱熹上面所说的是读任何书的方法,当然也是读史的方法。

朱熹认为读史之前应该先蓄积"义理","义理"蓄足了,才可以放开水闸灌溉田亩,"义理"不够丰富则不足以灌溉,不灌溉则蓄水无用。[①] 朱熹认为研究历史要能"合于天理之正,人心之安",深怕只有"史",而没有"理",人心会被"史"弄坏了。他骂吕祖谦(1137—1181)好讲《史记》:"然其本意却只在于权谋功利",痛骂吕氏"今求义理不于六经,而反取疏略浅陋之子长,亦惑之甚矣!"[②] 至于北宋的王安石,则根本认为应该"灭史",只要读经即可,他认为"经"才是重要的,是原则性的东西,沉溺于"史"的人常常无法坚持住理想的原则。王安石当然是过甚其词,后面我还会再提到这一点。

---

① 朱熹著,黎靖德编,王星贤等点校,《朱子语类》(北京:中华书局,1986)卷11,页195。
② 黎靖德编,《朱子语类》卷122,页2952。

读史的另一种方法是"情境参与式阅读"或"角色扮演式"读史。以宋代的吕祖谦为例,他极力提倡读史当如身在其中的观点,他认为读史须读到一半便掩卷,预料其后成败,"大抵看史,见治则以为治,见乱则以为乱,见一事则止知一事,何取?观史当如身在其中,见事之利害,时之祸患,必掩卷自思,使我遇此等事,当作如何处之。如此观史,学问亦可以进,知识亦可以高,方为有益"。① 吕祖谦对前述朱子的历史观持反对态度,他反对"会归一理"或将"天理"作为历史研究的准则。他认为"历史"是一座"药山",人们可以从中得到各种药,而且"随取随得"。他反对人们只看或记诵历史事实,而是要人们"观史如身在其中",这样才能得"药"。吕祖谦认为历史是优先的,必须在水库中蓄积足够的水(历史),才可以打开水闸,与"义理"相互印证。我猜测就像《易经·〈大畜〉卦·象传》上中所说的:"君子以多识前言往行,以蓄其德。"

理学家程伊川(1033—1107)也说:"每读史到一半,便掩卷思量,料其成败。"② 清代的包世臣教人读《通鉴》时,必如置身当时,他说:"《通鉴》善在先述其事,乃叙众议,然后载廷议所从,而详记其得失于后。

---

① 吕祖谦,《门人集录史说》,《丽泽论说集录》卷八,收入黄灵庚等主编,《吕祖谦全集》(杭州:浙江古籍出版社,2008),第二册,页218。
② 程颢、程颐著,王孝鱼点校,《二程集》(北京:中华书局,1981),页258。

学者阅其事，先为画上、中、下三策，然后阅众议而验己见之是否有合，又筹廷议所当从，再阅廷议，则后之收效与否，已可十得八九。如是，则如置身当时之朝端，庶几异日临事能不惑也。"① 曾国藩教其子弟读史时也说："莫妙于设身处地，记一人则恍如接其人，记一事则恍如亲其事。"②《经学博采录》中说丁履恒读史时："至古先哲人揩拄艰虞，遂以转移祸福者，必反复深求其故。"③ 丁氏在读史时，对古人撑持艰危，最后转危为安、转祸为福，或是在凶年时，如何鸠集流亡，加以救济安顿的作为，必如身入其境，揣摩其间，了解这些了不起的人何以能够转危为安，并从中学习。

章太炎说孙中山不喜欢读史，他说王安石和孙中山有一个共同点，都想要搞土地改革，从历史经验来看就知道不会成功。譬如王莽就没有成功，后来孙中山改变想法。章太炎认为土地国有是美国殖民菲律宾时实行的政策，这是只有殖民地政府才可能做到的。若熟读历史就可以了解，凡是带有此一色彩的政策都不容易成功。

---

① 包世臣撰，李星点校，吴孟复审订，《姚生传》，《齐民四术》(合肥：黄山书社，1997)，页343。
② 曾国藩，《致诸弟（道光二十三年正月十七日）》："读史之法，莫妙于设身处地。每看一处，如我便与当时之人酬酢笑语于其间。不必人人皆能记也，但记一人，则恍如接其人；不必事事皆能记也，但记一事，则恍如亲其事。"（钟叔河整理，《全本曾国藩家书》[北京：中央编译出版社，2015]，页292。）
③ 桂文灿，《经学博采录》(上海：华东师范大学出版社，2010)，页144。

如果以毛泽东与蒋介石相比,毛泽东熟读史书,蒋介石则较不重视历史。蒋受宋明理学的影响很深,大家读了近年整理出版的《五记》就知道,蒋介石最喜欢讲哲学,如黑格尔、朱熹、王阳明的哲学。其实,这牵涉到历史与伦理的问题,即历史中是否即蕴含着伦理,传统史学中常有这样的主张。虽然伦理与历史之间没有必然的因果关系,但一般而言,仍是相信历史的过程中大体包含着伦理。譬如朱熹常劝人要从史事中看出"大伦理",所以历史与伦理是自然而然串联在一起的。譬如叶适在论《左传》时说"天下之治也,礼义在于中国;其乱也,礼义在于夷狄",即一个时代的礼义水准高低与治乱之程度是相等的,两者之间没有任何可怀疑之处。

前面提到,中国历史上始终有一种声音,认为"经"或是"义理""道德"等,应该先于"史",或是与"史"互相夹持,免得人们陷入历史的相对意义之中。宋代苏洵便说:"经不得史无以证其褒贬,史不得经无以酌其轻重。"[①] 因为历史中有太多权宜,太多恶人得大利、善人遭大殃,太多违反伦理的发展,所以"读史使人粗"。读史会掉入道德虚无主义之中,故主张先读经后读史,才能有"永恒"的道理作为是非的判准,不致东倒西歪。这方面的言论甚多,譬如《朱子读书法》中说:"读书须

---

① 苏洵,《史论上》,收入曾枣庄、金成礼笺注,《嘉祐集笺注》(上海:上海古籍出版社,1993),页229。

是先以经为本，而后读史。"① 近代史家柳诒徵说"史"要得到"礼"的扶持，"史例权舆《礼经》"，"史例经例，皆本于礼"。②

我个人则以为，读史要尊重客观真实的证据，"在史中求史识"，"求真以为现实服务"，才能曲尽事情真实的症结。接着要能看出"机括"，吕祖谦要人"既识统体，须看机括"，③ 大凡国之盛衰，事之成败，人之邪正，每在机微之间，而察其所以然者叫作"机括"。"统体"乃治事之法，深入事情的曲折，把整个历史人物或事件弄熟了，透彻到能说出他的下一句。譬如研究蒋介石的日记，如果深入到一个程度，便知道他有一种将政治议题当成道德问题来掌握的倾向。有人认为2400年前修昔底德的书，尽可能将历史的细节准确地记录下来，使得人们读到它时，便能对自己有所教导。1628年霍布斯在译修氏书时所记："他们当下谨慎小心，对未来也深谋远虑。"④ 近来人们处理中美问题时，仍在回味修昔底德的一段话："雅典的崛起和斯巴达的惊恐，让战争变得不可避免。"

---

① 张洪、齐熙编，《朱子读书法》，页73。
② 柳诒徵，《史例第八》，《国史要义》，页251、261。
③ 吕祖谦，《东莱吕太史别集》卷十四《读书杂记》三，《吕祖谦全集》第一册，页56l。
④ Paul A. Rahe, "Thucydides as Educator", in Williamson Murray, Richard H. Sinnreich eds., *The Past as Prologue: The Importance of History to the Military Profession*, p. 98.

我曾在《中国近代思想文化史研究的若干思考》中讨论"史家的逻辑"与"事件的逻辑","事件的逻辑"是顺流而下的 A—Z,"史家的逻辑"是由已知上溯未知的 Z—A。运用"循回往复"的读法,从 A—Z,又从 Z—A。从 A—Z 要看事情的"或然性",从 Z—A 要看事情特殊细节的意义(particular detail in meaning)。读者必须同时把握这两者,一方面接受史书中之陈述,一方面摸索事件的逻辑。前者的特性是一切好像都是顺理成章地发展下来,但是逆反的逻辑可以帮助阅读者回到事件之前那个充满未知、或然率的世界,设身处地进行摸索和判断。假设自己是历史行动者,揣想自己处于当时的情况,以当时所能获得的有限讯息,想想能做何种判断及处置。①

"读者对话论"

过去讨论这个问题时,经常是以历史书写者为中心的讨论,所以往往考虑在书写时要有所隐瞒,有所轻重,以达到道德鉴戒的目的。在这里我要强调人们同时可以有另一种进路,即是以读者为主体的读者对话论。我们历览古今中西谈论历史与现实人生的关系时,经常

---

① 请参见王汎森,《中国近代思想文化史研究的若干思考》,《新史学》14:4,页 177—194。后收入氏著《思想是生活的一种方式》。

看到以读者为中心出发的例子。在这种时候，历史作品是客体，但是我如何阅读它、理解它、引归自身等，每每取决于读者所持的对话性态度。以安东尼·格拉夫敦（Anthony Grafton, 1950 年生）《近代史学之前的历史》（*What Was History?: The Art of History in Early Modern Europe*）为例，文艺复兴时代的读者如何阅读希腊、罗马史著，如何札记并归类，如何体验到日常生活中，等等。① 许多人的做法不同，而且往往因"读法"不同而形成一派。如何札记，如何归类、评论、发挥，形成变化无限的读者、历史论域，这在中国历史上简直是说不完，它们衍生、创造的历史意识及道德及其他现实意涵是被过度忽视或低估的。

查尔斯·泰勒（Charles Taylor, 1931 年生）在《自我的根源》（*Sources of the Self: The Making of the Modern Identity*）第一部分中提到，人生存在于语言的"会话网"中，在与人们对话中形成分别善恶美丑，形成"道德空间定向性的自我"，他认为这是弥足珍贵的。我认为在查尔斯·泰勒所说的"会话网"之外，与历史不间断的对话，其实也是形成"道德空间定向性的自我"的途径，岂止历史，其他许多知识亦是如此。事实上，在中西历史中，人们是不间断地透过与历史对话在进行

---

① Anthony Grafton, *What Was History?: The Art of History in Early Modern Europe* (Cambridge: Cambridge University Press, 2007), pp. 189-254.

模拟及辨析。在这个架构之下，我认为可以区分成四个步骤，即"对话的网络""对话的伙伴"，在对话过程中美德史事流入现实的人生中，帮助"道德与精神上的分别是非善恶"，最后是在"道德空间中得到自我的定向"。[①] 我的意思是在种种对话网络中，不是只有现实生活中直接或间接生活于其间的社群的对话网络，历史之海也是对话网络的构成要素，此时历史像糖果一样化开融合在现在的事势中。每一个时代对话社群的取向有许多善的、恶的、成功的、失败的历史事件。各式各样的历史事件，形成对话网的一部分，而且所形成的价值取向是在与对话伙伴的对话过程中逐渐摸索形成的。同时，涵藏在历史中许多带有长远性的价值，由上而下地传递与教诲，使得这个对话网络、对话形式非常多样化。在与"对话网络"不断对话的过程中，形成了"区分道德与精神的善恶"，说得出这是善的、这是恶的，而这本身实际上是一件非常不容易做到的事。而且不只限于道德、精神、价值的方面，事实上我们也在"茫茫事海"中培养自己区分什么是好的态度、行动等。

因为是"对话"性质（而不是遵循某种历史发展定律的方式），所以"对话网络"的组成内容不停地在变，对话者及他所处的时代也一直在变，因此在对话过程中

[①] Charles Taylor, *Sources of the Self: The Making of the Modern Identity* (Cambridge: Harvard University Press, 1989), pp. 25–52.

所形成的"道德空间中的自我定向"便不是一成不变的。譬如说古书中连篇累牍的"忠义"事迹——尤其是那些动人心弦、异常激烈的忠义举动,便不大在现代人的"道德空间中的自我定向"中成为主体。"对话网络"是活的,它的内容包含历史、哲学等各式各样的知识,它的组成内容与组成方式也不停在变。

在这里我只随举一种对话的形式。严衍在《资治通鉴补》的《自序》上说:"吾病愚,则凡明者皆吾师也。吾病怯,则凡勇者皆吾师也。吾病懒,则凡敏者皆吾师也。吾病褊、吾病吝、吾病不断、吾病器小而易盈,则凡广大者、好施者、果毅而渊深不测者,皆吾师也。……集万古之良师胜友,导吾以芳;聚百代之佥夫壬人,戒吾以秽。吾所以反复缠绵暂欲舍之而不能也。"史之为用,并不限于自我修养,严氏即云:"要使学者欲考兴亡,则观政于朝;欲知淳薄,则观风于野;欲树宏猷,则法古人之大节;欲修细行,则拾往哲之余芳。"[①]严衍这一段话,是鼓励读者以自己的情况来与古书中的故实对话,以见吾之不足,以开拓吾之心量。读者也可以与现代的客观史学,形成这种对话性关系,而不一定要像"十过一善""十善一过"之类的笔法才能构成鉴戒之教训资源。

---

① 严衍,《资治通鉴补》自序,《续修四库全书·史部》第336册(上海:上海古籍出版社,1997),页1b—2a,总页508。

不只是哲学或抽象理论才可能有跨越时代的影响，"史"或"单体"的历史、事实，也同样有跨越时代，甚至永恒的价值，问题在于获得的方式每每是经由读者的参与、对话、理解后所产生的。每个时代的人们不断地学习历史、与历史对话，从而得到掌握历史意义、人生教训或道德修养的资粮。打开古今文人的文集，少有不收几篇史论文章的，不计其数的"咏史"诗，反复出现的男主角项羽、刘邦、范增、刘备、诸葛亮等，都是无止境的对话题目，是永远的回声石。刘邦、项羽优劣论，不断地出现在古今史论或现代的学期作业、期末考题中，也是哲学家牟宗三在《历史哲学》中区分"天才宇宙"与"凡人宇宙"的题材。人们在与历史不断的对话中，形成了自己的道德、政治、人生之定向，而这是至为宝贵的人生财产。这方面的例子不胜枚举，我们可以说史书正不断地生出"利息"给一代又一代的读者。

"金无足赤，人无完人"，历史上没有出现过一个完美的人。19世纪英国塞缪尔·斯迈尔斯（Samuel Smiles，1812—1904）的《自助》（*Self Help*），对当时的世界影响之大，简直无法以言语形容。它是摘样式的写法，把伟大的样例集在一起，所以人们可以不必管那些伟大人物全部生命中是不是有些难以启齿的部分。[①]

---

① Samuel Smiles, *Self Help: With Illustrations of Character, Conduct, and Perseverance* (London: John Murray, 1872).

史家格拉夫敦研究西方文艺复兴时期的读者,他们一方面对希腊罗马古典进行严谨考证,同时也有"rhetoric"的一面。"rhetoric"可译为"说服学",也就是读者可以根据现实境况不断调整其对历史事实的用途、目的与意义。①

读史与关键时刻

史事无穷,要从无穷史事中得益,必须在历史的发展中识认出"关节窍要",或重大转折之处,深入剖析其前因后果,也就是说读史要能识认历史上的"关键时刻"。《庄子内篇·人间世》说:"其作始也简,其将毕也必巨。"历史上的关键事件,有些一开始便风风火火,但也有一些是"其作始也简",后来"将毕也必巨",而且有些带有偶然性。如小布什赢了戈尔537票,当选总统,而此后小布什在中东屡启战端,"9·11"事件后,不只美国的国运大变,世界各地都深受影响。有一些特定的时候,整个文明往往押在几个事件上。如罗马与迦太基之争,在艰苦的斗争中,整个西方文明的命运即押在这个赌注中。

关键时刻经常发生在"转型期"。读《汪荣宝日记》

---

① Antony Grafton, *What Was History?: The Art of History in Early Modern Europe*, pp. 226-228.

可见汪荣宝等几个人在清覆亡前不久在清廷之角色,许多极为重大的事是靠三四个到日本见过世面的人在处理,如优待清室办法,是汪荣宝一草而就,即照样执行了。关键事件也常发生在改朝换代(包括任何改朝换代)的大变革中,一时之间好像所有事都失去重力浮在空中。明太祖在《皇明祖训》序中说"朕观自古国家,建立法制,皆在始受命之君",即点出改朝换代之际是建立法制的关键时刻。这当然也发生在皇帝驾崩、新皇即位之际,如乾隆即位时,便流行一个趁机改变雍正时期法令制度的巨浪,以至于有人说当时只要能"尽翻前案即是好条陈"。我读《杜鲁门总统任内录》(*The Truman Presidency: The History of a Triumphant Succession*)便觉得,1945年的几个月之间是世界史的关键时刻,因为它决定了后来的许多发展。其实二战的最后阶段,艾森豪威尔的策略有误,丘吉尔反对,但艾森豪威尔只想将局面应付过去,对未来没有太多的想法,结果苏联控制了东欧。① 在历史转变的关键时刻,往往一个决定或一些细枝末节的决定,便可能有深远的影响。一战之后,一个所谓中东问题专家 Getrude Bell(1868—1926),便可以对整个中东此后的发展,掀起滔天的改变,如对美索不达米亚之处置,从外面找了一个不大相干的人来治

---

① 卡贝尔·费力普斯(Cabell Phillips)著,李宜培译,《杜鲁门总统任内录》(香港:今日世界出版社,1970),第三、四章,页16—48。

理伊拉克,后来形成了巨大的后果。

晚清的毁庙兴学闹得沸沸扬扬,全国各地为了学校与庙产争得不可开交,影响之大难以言喻,而这主要是因为康有为的一篇文章。而康有为的灵感,则是来自《明夷待访录·学校》中的话:"必使治天下之具皆出于学校。"又说:"学宫之外,凡在城在野寺观庵堂,大者改为书院……小者改为小学。"① 在晚清以来的思想巨变中,核心人物的一本书或一句话都可能产生很大的影响。譬如吴汝纶去日本考察教育回来后写了一本《东游丛录》,后来各地的劝学所、传习所就是根据那一本小册子来兴办的。

民国初年的"联省自治"运动主要来自梁启超1920年的《〈改造〉发刊词》,在这里他第一次提出"联省自治"说:"一、同人确信旧式的代议政治不宜于中国,故主张国民总须在法律上取得最后之自决权。二、同人确信国家之组织,全以地方为基础,故主张中央权限,当减到以对外维持统一之必要点为止。三、同人确信地方自治当由自动,故主张各省乃至各县各市,皆宜自动的制定根本法而自守之,国家须加以承认。"② 仿美国联邦

---

① 黄宗羲:《明夷待访录·学校》,《黄宗羲全集》第一册(杭州:浙江古籍出版社,2012),页9—10。
② 梁启超:《〈改造〉发刊词》,《饮冰室合集·文集》第三十五卷(北京:中华书局,1989),页20。《解放与改造》为《改造》前身,创办时梁启超等人正在欧游,后为节省标题,故改名《改造》。收入《饮冰室合集》时标题有误,今改。

制,民初"联省自治"运动便掀起了漫天的巨浪。后来就有"联省自治运动",陈炯明、章太炎都是联省自治的支持者。民初新文化运动等每每攻击佛教为出世的,而太虚就以"人生佛教"来回应这些挑战。这样一个口号,经过几十年,在慈济的"人间佛教"中得到落实,并成为当今宗教界波澜壮阔的运动,未始不与当年太虚的一个主张有关。

在历史的关键时刻,一些作为即足以改变一时的风气,套用陈独秀的名言:"让我办十年杂志,全国思想都全改观。"[①] 一些当时看来甚微的小事,但后来回过头看却是关键事件。[②] 通常在此前,或隐或显地有一个积贮,如有一个水库,而关键事件则是打开水龙头的开关。《威灵顿公爵回忆录》说,当时他们与拿破仑军队相差只是一点（a damn close-run thing）,后来却改变了整个欧洲的

---

① 唐宝林、林茂生编,《陈独秀年谱》（上海：上海人民出版社,1988）,页65。
② 在胡适书信中有一封1935年给汤尔和的信,回忆五四运动之前的一天,蔡元培与他的谋士汤尔和商量陈独秀的事。汤尔和因为受道学的影响,对于陈独秀嫖妓的行为不能谅解,所以主张辞退陈氏北大文科学长的位置（1919.3）,后来陈独秀南下上海,使得《新青年》迅速左转,陈独秀也很快地成为中国共产党的领袖人物。胡适认为此决定"不但决定北大的命运,实丮后来十余年政治与思想的分野","此夜之会,先生记之甚略,然独秀因此离去北大,以后中国共产党的创立及后来国中思想的左倾,《新青年》的分化,北大自由主义者的变弱,皆起于此夜之会。独秀在北大,颇受我与（陶）孟和的影响,故不致十分左倾。独秀离开北大之后,渐渐脱离自由主义者的立场,就更左倾了"。蔡元培与汤尔和在五四前的一次夜会,商量的是一个教授的去留,胡适在十几年后回想,竟成了改变近代中国命运的关键事件。胡适的这个判断当然有过度简化的倾向,但也不能不承认其重要性。

命运。网络文章《不为人知的历史：滑铁卢之战》说，两天前才从法军的追击下逃亡并迅速重新集结的普军赶到，向法军的右翼发起激烈猛攻，三个小时后，法军溃败。几天后，英国联军占领巴黎，拿破仑被迫退位，并被放逐到大西洋的一个小岛上。这场战役影响了整个欧洲的历史进程，在拿破仑战败后的维也纳会议上，新的欧洲秩序被重新建立起来。古巴危机时，肯尼迪正在读巴巴拉·塔奇曼的《八月炮火》，分析一战由一个暗杀斐迪南大公事件，最后导致全欧洲长达四年的战火，生灵涂炭，故肯尼迪决定不让事态扩大以致最终不能收拾，紧急透过各种手段斡旋，使得后来古巴危机和平落幕。

许多影响后来历史的关键思想，最初并不明显，如黑格尔对马克思的影响，如王闿运讲《公羊》，影响了廖平，而廖又影响了康有为，过程中的变化影响了历史的发展进程。熟悉历史可以帮助我们认识到什么时刻可能出现关键事件，并积极把握它。譬如人们可以预想某事在未来可能造成的结果，从而猜测眼前事情的后果。

由于历史的关键时刻往往是突然的、微妙的，身处其中的人如果心量不足，没办法以全副力量（包括知识、时间、体力等）去加以处理。如果心量不足，而忽略处理，则如奥巴马所说，在卡扎菲之后，未能做好日后的计划即立刻介入利比亚的内战，未做出更多的行动以填补卡扎菲倒台后的权力真空，故造成"伊斯兰国"

(IS)进驻等大遗憾。①

读史要能"体认",从历史上的伟大人物身上得到一种模型、榜样,如西方古代之苏格拉底的画像。其实这也发生在中国,像明代心学人物以王阳明画像为崇拜的对象,李卓吾《阳明先生道学钞》中所选王阳明有用的文字,李二曲的《四书反身录》选取四书中可以引归自身修养的文字,唐文治著《十三经大义》是要人读十三经都能反思个人道德。毛泽东则从李卓吾《史纲评要》中摘选了二十三条,而使之与现实发生关系。② 人们在内心中体会它,培养对事情是非判断的能力,并加以实现,读史帮助人们孕育"历史智慧"。历史是生活智慧的重要资源,人们吸收历史知识的来源非常广,不只限于史书,包括戏曲、故事及日常生活中的谈论与阅听。它们储存在人们的脑海,就像是储存在电脑的硬盘,透过自动存取系统,在特定的时候将历史知识读取出来,像糖果般融化在我们的日常生活中。

读史要能"大出入"

在讨论读史的方法时,我觉得最后应提到龚自珍的

---

① 《联合报》,《欧巴马:任内最大错误酿利比亚乱局》,2016.4.12,A13版。
② 朱永嘉:《毛泽东晚年辑录〈史纲评要〉释读》,《论李贽》(西安:中国长安出版社,2018),页174—177。

"大出入"。① 龚自珍在《尊史》篇中说："其于言礼、言兵、言政、言狱、言掌故、言文体、言人贤否，如其言家事，可谓入矣。又如何而尊？善出。何者善出？天下山川形势，人心风气，土所宜，姓所贵，国之祖宗之令，下逮吏胥之所守，皆有联事焉，皆非所专官。其于言礼、言兵、言政、言狱、言掌故、言文体、言人贤否，如优人在堂下，号咷舞歌，哀乐万千，堂上观者，肃然踞坐，眄睐而指点焉，可谓出矣。""尊之之所归宿如何？曰：乃又有所大出入焉。何者大出入？曰：出乎史，入乎道，欲知大道，必先为史。"② 龚自珍的这两段话并不好理解。他有一部分意思大致是这样的：读史的人要能"入"，又要能"出"——要能进入历史内部，曲尽一切事实（"入"），然后又要置身其外，观其大体，细味其大势等等（"出"）。一个善于读史的人必须能"入"又能"出"，"入"而详究一切史实，"出"而盱衡现实局势、旷观大体，然后才能决定应该在何处遵守史例，何处变通，何处"照着做"，何处进行"破坏性创新"。一般讨论历史都只着重在"入"的部分，即如何重建历史的部分，及如何运用历史，而忽略"出"。"大出入"一方面是"以今视古"，一方面是"以古视今"，更重要的

---

① 我之前在许多地方也提到过，在这本小书里我想对此再多加阐述。
② 龚自珍著，王佩诤校，《龚自珍全集》，页80—81。

是"审时辨势"。

为了说明这一点,我想再举一个例子:英法联军打进北京城的时候,恭亲王召集了北京的六部九卿会议,商量如何处理,当时大部分人都说应效法燕云十六州的故事,割地赔款,可是有一个侍御,他略通当时世界的情势,说按照西方的惯例,把军费赔给对方就好了,不必割地,结果恭亲王听了他的话,果然把事情办通了。[①]这件事情提醒人们,到底是要照陈案办,还是要判断大势("出")?如果决定照陈案办,就是割地赔款,但是也可以变更陈案以退敌人之兵。这件事情告诉我们,只有"入"还不够,在运用历史时,还要加一个"出"的功夫。若以刘邦及曹操为例,曹操挟天子以令诸侯,花了二三十年才得天下,刘邦只花了五六年就得天下。曹操则好像太过受到传统的、历史的暗示,认为一定要挟天子以令诸侯,刘邦则不管这套,他是小流氓出身的,这是"出""入"的一个例子。

从上面的例子可以看出:"出"的部分比"入"的部分困难,前人所谓"运用之妙,存乎一心",或是劝人不要"死于句下",都是要人既能"入"又能"出"的意思。一个读史的人,一方面要尽力弄清历史事实,同时要"凝神以御太虚",旷观整体情势之变化,以及史例在

[①] 许指严,《十叶野闻》(北京:中华书局,2007),页18—19。

某个特定的情境或脉络中应该摆的位置,才能做一个比较恰当的运用。每一次"用史"都是一次全新的经验。所以从来没有人宣称饱读管理学即可成为大企业家,饱读战史就可以称霸沙场,饱读政治史就一定能成为不起的政治人物。

大约四十年前我在军队服义务役时,有一位熟悉战史的陆军少将偶尔找我聊天,他不止一次提到:兵学大师蒋百里经常抱怨日本的将领不照操典打仗,同时我们也谈到"学正用奇"的道理。如今想来,龚自珍的"大出入"或许就是学"正"用"奇"的一种相近的表述。

对于"出""入"或"正""奇",我有两层诠释。第一,每一个事件都是一个独特的方案、独特的呈现,而历史行动者每一种吸收及表现,都是一次又一次的、独特性的综合、吸收与展现。任何将之公式化、格式化或本质化的教导或吸收都不会永保其能在每一个情境中派上用场。外来的知识只是条件,要化成自己的智慧才能受用。正如《石涛画语录》中贯穿全书的"一画之法",石涛怕把画法本质化或格式化,所以绝不明白说死,只从"一画"说起。他又强调"受"在"识"前,也就是说要尊重感受的独特性,不要被"识"把它从外而来加以了解,加以框限化、平板化了。[①] 画家吴冠中用了一

[①] 道济著,俞剑华标点注释,《石涛画语录》(北京:人民美术出版社,1962),页16—22、30—31。

个很传神的例子做说明,他说西方有一位名画家有一回见到一片黄泥泞路,他宣称要用这一片黄色画一位女孩的金发。① 这段话的好处在于表明,即使是一块脏兮兮的黄色,只要运用得当,正是描绘金发最合适的颜色。

读史之受用或历史知识之发挥作用,正像那一片路上的黄泥泞,运用之妙、存乎一心,如果运用得恰到好处,即可画成一头最好的金发。一段历史亦复如此,要恰当运用才可能有益于人心与人生。到底该如何牢记教训并充分运用它,几乎没有规则。所以用千经万史去熏陶、教养自己,就像某一个人用力地敲一扇门,最后门开了,走出来的却是自己。②

第二,在讨论"出"时,我还要讨论"传递"(transmission)的两种模式:一种是基因的传递(genetic transmission),像许多动物也与人一样盖房子,蜜蜂建六角形的房子,河獭围小坝,但都是重复上一代人做过的事;另一种是正因为人是历史的动物,可以继承、累积经历,但同时也可以在此基础上反思、改造、超越,甚至翻覆历史,人不能取消前一刻的历史,但人可以挣脱、超越前一刻。

这两种传递模式,宛如哲学史争论中"照着讲"或

---

① 吴冠中,《笔墨等于零》(南京:江苏文艺出版社,2010),页192。
② 薛仁明编,杜至伟等笺注,《天下事,犹未晚:胡兰成致唐君毅书八十七封》(台北:尔雅出版社,2011),页188。

"接着讲"的问题。通常在相仿佛的情境中，比较可以"照着讲"。譬如基辛格用梅特涅的"均势"概念来对应其时的国际紧张局势。但是人们也可以在了解历史之后，盱衡现实，而后"接着讲"。蒋百里提到日本学拿破仑莱茵同盟时，便痛责说："本来一个做事乐观的国际环境，偏要模仿历史上已成失败的不肖例子。"① 这也像战国时期的赵括，他的母亲听说赵括要被大用时，赶去见赵王，说赵括不可以出任大事，《史记》中蔺相如说："括徒能读其父书传，不知合变也。"也就是说，赵括只能"照着讲"不能"接着讲"，千万不可以为前线主帅。果然，赵括后来在长平大败，四十余万将士被坑杀。第二次世界大战当时，法军将领还在打第一次世界大战（"照着讲"），而忽略了战争形态的改变，应该"接着讲"。坦克在第二次世界大战之前是用来辅佐步兵的，可是二战时德国却将它们集结起来作为打击的主力，即是一方面"照着讲"（利用坦克）、一方面"接着讲"（以不同的方式运用坦克）的实例。

清代的陈澧谈完魏源的《圣武记》后，批评说魏源的"以夷制夷"未必行得通。因为魏源显然受到历史上清朝收服喀尔喀蒙古的过程中，联俄国以制喀尔喀成功之例的影响，意思是他不能被历史的先例绑住，还应该

---

① 蒋方震，《蒋百里全集》第四册，页 343。

跳出来看一看他那个时代的各国局势。最近我在研究晚清大儒俞樾晚年的思想,发现在面对西洋火器时,他对许多人(包括李鸿章)宣扬康熙年间大破罗刹军队的藤牌兵的史例,希望复活藤牌兵,在西人施用火器时,以藤牌兵掩滚而进,期近敌人时斩杀之。这个提议当然就没有人理会了。

人不可能取消前一刻,但这并不表示人一定要"照着讲"。如日俄战争中,俄方指挥官都在用1812年的战略,而二战刚开时,法军的指挥官多还在用第一次世界大战的战略,结果是巨大的挫败。再以晚清为例,梁启超《论李鸿章》一书,提到李鸿章处理世界各国关系时,脑中总是《战国策》的观念,"专以联某国制某国为主,而所谓联者,又非平时而结之,不过临时而嗾之。盖有一种战国策之思想横于胸中焉",① 所以总是失败。

所谓"接着讲"是宛如 Geoffrey Elton(1921—1994)所说,要能熟悉历史人物并讲出他的下一句话,如熟悉交响曲到能哼出下一段的旋律。下一句、下一段都要能关联呼应时代的环境,而有微妙的变化。此外要强调:想要能"接着讲"必须先能"照着讲",通晓其真相及内在曲折,并审度现实后才有可能"接着讲"。

因为人的境况随时在变,正如世界上没有完全相同

---

① 梁启超,《论李鸿章》(台北:台湾中华书局,1971),页67。

的叶子一般,人在面对每个境况时,运用"历史"的方式便会有所不同。顾曲(Gooch)将军虽曾说作为军人的"八大致命"之一是"不惧历史",但是在《历史作为序幕》一书中,却也对任意运用历史"仿佛性"感到高度怀疑。因为时局时刻在变,所以纳尔逊说历史是破坏的创新的纪录。他说不要胡乱以为历史与战术的形成一定有正面的关系,以至于老想在过去与现在间寻找相似点。例如克里米亚战争,就已不适用于英、俄的现代战争。马歇尔(George Catlett Marshall, Jr., 1880—1959)一再提到战争的变化,例如在原子时代,一战中所学到的东西每每过时。所以顾曲说要先思考过去与现在的不相似性,再讲历史的功用。①

人们永远在"照着"或"接着"的分叉路前犹豫,这就是历史行动者的抉择。譬如前面提到的,德国总理默克尔接纳大量中东难民一事。"照着讲"的人马上会想起吉本的《罗马帝国衰亡史》讲到入迁的蛮族腐蚀帝国,或是江统的《徙戎论》中所警告的危险。如果"照着"历史,就绝不可以接受大量难民,但是如果顾及人道的标准,则应该毫不迟疑地接纳难民。这时默克尔及德国人民即是面临"照着讲"或"接着讲"的问题(当

---

① John Gooch, "History and the Nature of Strategy", in Williamson Murray, Richard H. Sinnreich eds., *The Past as Prologue: The Importance of History to The Military Profession*, pp. 133-149.

然"照着讲"与"接着讲"并不一定是相互排斥的)。

马端临《文献通考》自序中说"理乱兴衰,不相因者也,晋之得国异乎汉,隋之丧邦殊乎唐",[1]已经接触到"照着"或"接着"的问题。我以为历史中的行动者在面临一个情势时,一方面是调动历史意识,使得以前有用的历史成为此刻处理困境时可以参用的资源,然后再审度时势决定是"照着做"还是"接着做":师承、糅合或超越相近的史例,采取一个与当前"境况"相应的做法。

我们要能设身处地、以古视今、以今视古,既深入把握历史,同时审视我们当代的境况,并时时留心这两者之间的延续性与差异性。考虑到史事与我们今天存在的异同,了解到历史中有一种选择与创造的过程,有时是继承,有时是"破坏性的创新"。革新要能知旧,但不识当前的病根,也没办法施药。所以一方面是使历史成为与我们同时代的,另一方面是过去、现在、未来及各种现实的考量就像许许多多的介面,而自己正是介面之间的圆轴。

历史的知识积贮在人的心中,在某时或是某种情境之下,便会自然而然浮现出来,形成参考的架构。这里我要引用李奇微(Matthew Bunker Ridgway, 1895—

---

[1] 马端临,《文献通考》自序(杭州:浙江古籍出版社,2000),页3。

1993）的话，他在担任指挥官之后，以往从阅读中汲取的知识会适时"清楚地适度浮现"。[1] 我们可以说历史就是现在的解答，但并不是像考古题般的解答。

在谈完"大出入"之后，我觉得还应该加上一段话。19世纪中叶以来，历史学最重要的发展之一是脱离宗教、道德的羁绊，史学研究的长足进步与这个大解放有关。不过，在过去是宗教、道德优先于史学，它们压制史学，经常严重地扭曲史学的客观性。但如今，当我们讨论"史用"的问题时，还需要重新考虑前人何以要谈读"史"时要有"经""礼"相扶持。柳诒徵所说的"夫史例经例，皆本于礼。礼必准情度理，非可以意为之"，[2] 换成今天的表述，也就是说我们在"出"时，应该考虑一些比较具有永恒性的道德价值与原则，如果读史只是为了现实的机用，而不随时与一些人类比较永恒或普遍性的价值原则相涵化，则所谓"大出入"，便往往成为奸雄的工具。

"关联"与"呼应"

我在教会的告示中经常看到"God is speaking."（神

---

[1] 艾德格·普伊尔著，陈劲甫译，《为将之道》（台北：麦田出版社，2011），页399。
[2] 柳诒徵，《史例第八》，《国史要义》，页261。

正在宣说)这句话,这一个动人的宣告适不适合历史呢?我们可以宣称"History is speaking."(历史正在宣说)吗?我认为"历史"也无时不在"宣说",它是透过过去与现在的境况,不断地"关联呼应"并融为一体,创造新的意义,像一笔母金存在银行中,不断地生"利息"的知识观。

我个人认为人文学科各有分工,各有职司,一个现象可以从各个学科的角度去接近、了解、分析,在分工之余,各个学科最后亦应该对话、合作,形成跨领域的见解。所以,以下的讨论中对现代任何人文学科并没有畸轻畸重的评价。[①]

我注意到现代历史研究中经常出现两种现象:第一,过度屈历史以就当代;第二,过度屈历史以就其他学科。关于前者,历史工作者常常为了求史学研究能与现实发生立即的关联,而不顾历史事实的复杂性。有时候是为了呼应现实致用,有时是为了呼应当代流行的史学潮流,以致"只顾听来悦耳",不管历史上发生了什么,在"历史的理想"与"历史的事实"之间形成了巨大的紧张。关于后者,现代史学似乎有一种倾向,认为历史只有在被组入某种理论之中,它才有思想的价值,而我个人一向认为至少有两种真理观,一种是哲学的或抽象

---

① 此节参照王汎森,《晚明清初思想十论(增订版)》增订版序(北京:北京师范大学出版社,2019)。

的理论，另一种则是复杂而多样的历史也可以有超越特定时空限制的长远、浓厚的思想意涵。

事实上，许多带有长远、普遍意义的著作，也是受到特定"境况"的激发才出现的。人类对某些"境况"的反应，并非只有个别的价值，有时候是因相近似的"境况"出现，使得特定的讯息仍然具有价值；有时从个别"境况"所孕育的讯息，在"关联呼应"到现实时，也可能生发出长远的意义。所以不一定是要从特定历史环境中步步抽离的理论才可能有长远的意义，也不一定是要将历史组入一个巨大的理论建构，经过不断抽象化、不断用各种理论加以装点，才有长远的意义。譬如《史记》或历史小说《三国演义》中的故事，它们都是一时的，却也可以是永恒的。历史上许多宗教礼仪、秩序，甚至具有长远意义的事物，最初都是一连串历史事件。当它们不断地被引述、不经意地忆起并与现实的经验关联时，便具有了长远的意义。这些史事可能不断地"关联呼应"着现实，而且还将不断地"关联呼应"着未来。在"关联呼应"式的真理观中，过去与现在不断融为一体，并创造出新的意义。在这里使用"关联呼应"（correlated）一词，只是想强调由历史定律或寄望历史重演所得到的解答，不是历史唯一的功用。

我们不只要从历史中抽绎出我们今天所关心的问题的可能答案，同时也想了解历史中的世界与我们今天的世界不同,甚至是如前面所提到的,想从研究历史中,学会问那些人们早已忘了怎么问的问题。

人类有很强的冲动:想要一致化、一元化,想要寻找定律,想要极大化自己的基盘来解释过去与未来。而我个人倾向于发掘多元、竞逐的历史,其中尽可能包括被压抑的层面。我个人认为历史研究的结论,虽然不一定可以立即运用到现在,但它们都有助于扩大人类对治乱兴衰、成败倚伏,以及万象社会的理解。

"关联呼应"发生的方式非常多样,它可以是一场布道、演讲、背诵、即席表演、引经据典、引史、诵诗。这一类其实是历史性质的活动,犹如从武器库中选取一件武器来针对特定的打斗局面一样,如对付机枪,不能用弓箭。选对一件武器,即可应对一个境况,并传递想要传递的讯息。意大利国宝级导演贝尼尼(Roberto Benigni, 1952年生),到处表演即兴式背诵但丁神曲的片段,借以嘲讽、批评当时的意大利总理,在各种场景与氛围的运作中,人们得到非常清晰且犀利的政治评论讯息。这是古往今来各种回溯的形式之一,人们以各种方式进行而不自知。在这些演讲、引用、诵诗、演戏的过程中,过去与现实的境况成为一个立体的有机连续体,事实与价值合而为一,不必任意扭曲改造,既叙述过去也传达了现代的讯息,这是人们谈论历史功用或历史教训时长期忽略的一种方式。

第五章

历史是一种扩充心量之学

读史与"心量"的扩充

研读历史有助于增加思考复杂度,以斯坦福大学 Sam Wineburg 和 Daisy Martin 教授的《像史家一般阅读》(*Reading Like a Historian: Teaching Literacy in Middle and High School History Classrooms*)为例,它颇能反映近来历史教育中将史事复杂化的特色。首先是极端的脉络化,用巨细靡遗的史料将历史上重要的纪念日(如哥伦布纪念日)、伟大行为(如美国独立战争在列辛顿一役,及林肯的解放黑奴),甚至是"沙尘暴"的历史,极尽可能地脉络化以培养历史性。譬如:一、林肯也可能是一个现代意义的种族主义者,但是林肯相信其《解放奴隶宣言》中所宣称的,所有人一律平等;二、"哥伦布日"不应是 1492 年,而是 1892 年,因为哈里森竞选美国总统时,为了争取美国一向被边缘化,且被想象成带有罗马教廷秘密的天主教徒等移民的选票,用哥伦布日来赋予这些天主教移民正当地位,而不是真的要纪念"伟大"的哥伦布。① 这些讨论所形塑的特色,是历史人物不如我们想象的那样伟大,动机那样单纯,或是能像传统史学有意无意间认为的,意志与行动是联成一线的,这当然为"师法古人"或"以史为鉴"增添了一定的困难。

历史是超越(beyond)人类生命限制的,人的生涯有限,但通过历史知识可以扩充心量、超越现在,从生活环境及条件的限制中解放。现代人因为历史意识不足,满眼所见都只是"现在",很容易把我们所处的这个环境、所看到的东西,当作人类自然而然的东西,也就是把现状本质化,忽略了人类历史上其实有过多元、丰富的可能性。人类的经验并不是只有这一刻才是对的,或是只有这一刻才是最进步、最有价值的,过去可能也有我们可以取法的资源,而且未来也许还会再改变。

前面所说的历史的种种作用,都有助于扩充我们的"心量",然而"心量"是什么?"心量"的观念是从佛家来的,譬如《六祖坛经·般若品》中说的"心量广大,犹如虚空,无有边畔"即是。

在佛家的观念中,"心"是一个空间,佛经中经常有"心量广大"之类的话,其中有大小之别,而得道者心量

---

① Margaret MacMillan, *The Uses and Abuses of History*, p. 128.

大。宋明理学承袭"心量"的概念,而且每每用来诠释先秦思想,如程子解孟子,每每以"心量"大小来讲圣人与别的圣人,或圣人与凡人之间的差别。有时他们也用"公""私"来讲心量,"私"则心量狭小,"公"则心量宽大。朱子曾说:"人之心量本自大,缘私故小。蔽固之极,则可以丧邦矣。"① 宋明理学中有不少"心量"或扩充"心量"的想象。理学家设想内心的世界可以是一个很大的空间,要用格物穷理的工夫把它填满、扩充开来。

《朱子语类》中有许多这类的诠释。朱子说:"是其(周武王)心量该遍,故周流如此,是此义也。"② 又如:"盖他心量不及圣人之大,故于天下事有包括不尽处。"③ 照朱子的想法,必须穷尽天地万物之理,而始到达此心之有全容量,故是穷理以尽"心量",造成由结果来决定本源之现象。陈淳后来发挥朱子理学并编有《北溪字义》这样的观念辞典,他说:"此心之量极大,万理无所不包,万事无所不统……孔子所以学不厌者,皆所以极尽乎此心无穷之量也。孟子所谓尽心者,须是尽得个极大无穷之量,无一理一物之或遗,方是真能尽得心。"④

---

① 黎靖德编,《朱子语类》卷43,第3册,页1099。
② 黎靖德编,《易八·咸》,《朱子语类》卷72,第5册,页1820。
③ 黎靖德编,《孟子五·滕文公·滕文公为世子章》,《朱子语类》卷55,第4册,页1309。
④ 陈淳,《北溪字义》(北京:中华书局,2009),页13。

我想稍微解释"此心之量极大,万理无所不包,万事无所不统"。这句话可以从"心统万理"的思路出发去理解,所谓"扩充心量"可以理解为心中天生便具有众理,应如大厅中由千灯组成的吊灯,每穷一理,便开启其中一盏小灯,读书穷理,基本上是使得人心原有的各盏灯(众理)获得开启。①

朱子说:"道理固是自家本有,如今隔一隔了。""致知工夫,亦只是且据所已知者玩索推广将去,具于心者本身无不足也"。但又说:"天下无书不是合读底。若一个书不读,这里便阙此一书之理。"② 对朱子而言,求知是去隔、去蔽,开显的工夫,而我则认为人的性分中本有的道理固然很多,但以历史知识来说,更多的是扩充、积贮的工作。朱子以为所有"理",都是人性本有的,只是因为"隔",所以未曾开显,读书、格物就是使底片显影的显影剂。我则认为读史一方面是可以"穷理",但同时人的内心世界也是一个潜在的或无限大的空间,里面有许多小空间,要用知识、经验去充填,它才会撑开,否则它会皱缩在一起,而这两者都是扩充心量的工作。

---

① 朱子讲"心量"时,还有一层用意,认为"心量"像是"志量",心量大的人有无穷开拓知识的欲望,心量小的人不耐烦,只见得些道理便满足了。朱子说:"前贤语言宽广,不若今人急迫,今人见得些道理,便要镌凿开却,正是心量小,不耐烦耳。"张洪、齐熙编,《朱子读书法》,页102。
② 张洪、齐熙编,《朱子读书法》,页94、93、65。

延伸上述的理论，在这里请容我用一段比喻来阐述"历史"是扩充"心量"之学。我们的内心像是一卷可以使"万有"成像的底片（"性即理"），而读书穷理，包括读史，是在照相——在底片上曝光留下各种影像。但是一定要在暗房中用药水冲洗，才会有漂亮的照片。"历史"是扩充"心量"之学，也就等于是我们努力地在"心量"（底片）上积贮古往今来的史事（照相）。最后，这些史事是否形成我们的"同时代性"、成为我们日常生活中的参照架构，还是由我们自己决定（冲洗）。

读史当然也是"穷理"，在我看来读史的穷理、尽性便是扩充心量的工作。《东林书院志》中说："学者要多读书，读书多，心量便广阔，义理便昭明。读书不多，理便不透，理不透，则心量窒塞矣。吾人心量原是广阔的，只因读书少，见识便狭窄。"①

我之所以特别用历史是一种"扩充心量之学"这个表述，是为了强调"心量"中积贮的历史知识并不必然是以"律则""定律"或"重演"的方式使我们从中获益。现实的情境有无限复杂的变化，即使古今有相似的情境，也不一定能把古代的历史照着搬到现世来用。故"心量"中的积贮是要经过大脑的吸收转化之后，再成

---

① 高廷等辑，《高景逸先生东林论学语下》，《东林书院志》卷六，收入赵所生、薛正兴主编，《中国历代书院志》第七册（南京：江苏教育出版社，1995），页 233。

为生命中有用的一部分。用陈寅恪的话说，这是"在史中求识"。

理学家的心量说倾向于空间上的积贮，而德国的教养学说（bildung）则倾向于人内心中时间性的历程。"教养"是德文中很重要的一个字，是德国近世思想中非常重要的一页，有很多人认为"历史"是"教养"的一部分。我觉得德国史家德罗伊森（Johann Gustav Droysen, 1808—1884）对这一点的阐发很透彻，他说："历史知识有非常实际的功能。这个功能并不在于它能指示具体的行动。它的功能在于，经由扩大人们自我认识的历史视野，进而提升行为能力，以及开启更多行动的机会。"[1] 他在《历史知识理论》中有若干关于教养的段落，可以用来说明教养与扩充心量之间的关系。他说："体会前人以及重演前人的思想，这种练习泛称为通人教育（bildung）……通人教育是训练及发展我们之所以为人的特质。"[2] 他的讨论中述及"历程"的观念，即人生有一个向上提升的精神历程，而学习历史即是扩充我们原来所不直接经历的事，即是历程中的一种形式。

赫尔德（J. G. Herder, 1744—1803）是形成"教养"观念的关键人物。他认为每个人都有自我的形象，这是

---

[1] 德罗伊森著，胡昌智译，《引论》，《历史知识理论》，页22。
[2] 同上书，页99。

它将来要成为的自己，只要觉得自己尚未成为那个自我形象，他就觉得不满足。所以，教养的起源是人内在的灵魂，是内在自我的发现，但灵魂的启悟有赖于外在事件的"引会"——包括历史的"引会"——才能发现。历史的探索是通向自我知识（self-knowledge）与实践智慧（practical wisdom）的道路，学习历史使人们通晓过去思考事务的方式，而它们也可能复活并引导我们现在的行动。[①] 正如莱辛（Lessing）所说："人类致于至善的那条途径，实际上每个人都该步入而且走完它。"[②] 但是，"他们欠缺以心灵经历往事而得的大伦理资本。因精神的经历而有的坚定的类型（die festen Typen）并未支配以及充满它们。记忆并未深入人心；而只有这种记忆才是一切音乐、美术、创作之母"。"人的通性中最基本的，我们已经提到过：是能借着心灵经历过去的事件，而替自己储存大量的伦理财产。"[③] 读史是以精神经历过去的事，为自己储存"大量的伦理财产"，以心灵经历往事而得到"大伦理资本"。在我看来，这是另一种形式的借读史以"扩充心量"。

经由上述的讨论可见，教养是一种精神历程，如果

[①] 参见 W. H. Bruford, *The German Tradition of Self-Cultivation: "Bildung" from Humboldt to Thomas Mann* (New York: Cambridge University Press, 1975)。
[②] 德罗伊森著，胡昌智译，《历史知识理论》，页99。
[③] 同上书，页101。

用理学的说法，则是"扩充尽才而后尽性的过程"。而历史是形成"理想自我"过程中的重要资粮。

此外，"教养"也是教人"open to reality"，我的现实世界可以借由纳入别的事实而得以扩大，历史帮助我们"open to reality"，如此则不会任意主观投射自己的想法（不会像美国前总统小布什政府那样任意投射自己的想法——坚持伊拉克拥有大规模毁灭性武器，后来却始终未能找到）。而且"扩充自我"——扩充自觉意识，增进认知复杂度，增加眼界、气势——或因为读史而得到一种理性能力，能对事情的来龙去脉，乃至相续的因果关系有深切的把握。

教养、见识是一种资产，是一种本领。譬如庚子义和团事变中，慈禧与端王载漪想利用义和团力量对付列强，准备攻打各国使馆。当时因上疏强烈反对而被慈禧斩杀的袁昶，即因读过几本1860年代与英人交涉的历史，所以能有与外交涉的开明见识。[1] 一个人在现实生活中的种种抉择往往都是由教养或心量决定的，而在关键时刻，凭借"教养""心量"所形成的一个小小抉择往往决定了后来重大的结局。二战美军选择轰炸日本本土的地点时，因其中的一位决策者读过有关日本历史的书，知道京都是日本的古都，有许多古迹，所以主张不

---

[1] 袁昶撰，戴海斌整理，《袁昶庚子日记二种》（上海：上海古籍出版社，2020）。

能炸京都，这件事对后来形成了极为关键的影响。

美国名将李奇微即曾说，伟人自传与战史是一宗最大的资粮："人们靠自己拥有的个人经验十分有限，所以你必须依靠外人的经验。"[1] 已经有不少人从他们的人生经历中，提出阅读历史是在心中积贮、扩大自我，使我们得到原先局限于个人生命经验所不可得的看法。

接着我要依序从"志量""整存零付""深度"等角度进一步讨论读史以"扩充心量"这个宗旨。

"志量"不是天生的，"志量"也是由各种知识、见闻、典型人物、时代刺激等而形成，所以"心量"可以造成"志量"。正如章太炎所说："大抵人之志量，不皆天成，率由见闻载刺，情不自已，然后发为志愿，见诸施行。"[2] 章氏举民初的军阀、政客为例，认为这些人"志量"不足，所以旋起旋灭，他说："察其病因，皆由近人不习历史，小智自私，小器自满，背逆形便，而不知违反人情而不顾，故一国无长可倚赖之人也。"[3] 章太炎观察民初许许多多乍起乍落的政治人物，认为他们就像是只凭天生聪明在下围棋的人，"心量"不足、纵深不够，没有古今成败在胸中，也没有古今许许多多的史事

---

[1] 艾德格·普伊尔著，陈劲甫译，《为将之道》，页194。
[2] 章太炎，《讲演集》上，《章太炎全集》，页269。
[3] 同上书，页270。

来到心上，所以心量太浅，志量亦不深。加上革命太快成功，没有机会磨炼其心志，他说如果清末革命能晚两三年成功，则革命人物心量更深，对国家发展更好。历史是培养"志量"很重要的资本，譬如明太祖崇拜汉高祖，喜读《汉书》，所以志量广大，故能接受"广积粮，缓称王"的建议。

前面已经提到，人是有限的存在，历史提供人们扩充其视野的各种资粮，并借着心量中的积贮点发生命中的各种可能性，带我们经历我们所不可能经历的事。从形形色色的历史现象中，去发现人的本质并发掘自己已觉知的潜力。

"扩充心量"也是一个"整存零付"的工作，心量中的积贮在遇到某些情境时会流溢出来，使得历史知识与个人的环境相合，并与我们的意识滚成一个雪球发挥作用。我个人认为，古人对"整存零付"的观念已经有相当的认识。《程氏家塾读书分年日程》要求学子在很短的时间内，大致是十五岁之前读诵经书，此后终生可以从这笔储蓄中生"利息"。用今天的话说，便是"整存零付"的思维——是尽量在一定时间内将心量扩充到一个程度，然后一生玩味、涵泳，不断地领取"利息"。也就是说知识不只是可以应付手头上的支用，同时也是要积贮于心中，不断反思，组合许多面向形成一个纵深，然后如涓流般不断靠它的利息来生活。

这也好像一个高明的棋手不只靠着天生的聪明，同时也不停地揣度记诵有名的"棋谱"，从中学到许多好的手筋和定式，学习一流棋士是如何判读局势的。"打谱"则是尽可能去理解高手在对弈时的用意。一个人若只凭聪明下棋，当然也行，但若能熟读古往今来著名的棋谱，不停"扩充心量"，这就成了他在遇到困难时可运用的资源。曹操夸说因为自己经历的事很多，故能预知应变，但"人事万变，岂能悉经？读史则事变纷纭，比例昭著"①。熟读历史则可以经历许多自己所不可能亲历之事，就犹如棋士熟记棋谱，有了这些"积贮"，像是熟悉或背诵许多棋谱后，可以有机会活用到棋局之中，培养自己能适当地回应往复出现的棋局，此外也帮助掌握未可预见的、充满不确定性的棋局，用清初学者方中履（1634—1698）的话说，这便是"坐集千古之学，折中其间"。②

最后我要谈"心量"与"深度"的关系。在这里我要用威廉·詹姆斯（William James, 1842—1910）谈"深度"的观念来阐发扩充"心量"之重要。威廉·詹姆斯说，所谓"深度"是"一把能抓住多少的东西"。在今天，所谓的"深度"，有各种表现形式，在川流不息的数位讯息世界中，所谓"深度"显得更成问题。当面对难

---

① 柳诒徵，《史术第九》，《国史要义》，页306。
② 方中履，《凡例》，《古今释疑》，收入《续修四库全书》第1145册（上海：上海古籍出版社，1997），页1a—1b，总页24。

以计数的讯息、知识、材料时,我们能一把抓住、吸收多少,决定于我们的"心量"深浅。譬如有些科学家发现了某一重要现象,可是因为他内心的"心量"准备不足,所以对他而言,这只是一个新的现象;但对"心量"足的人而言,可以从这个新的现象进而发掘出一整个新的世界。

以史学研究为例。在这个史料反掌可得的时代,有了可检索的历史文献电子资料库,只要输入任何词语、概念,即可以在瞬间检索到几万卷书中的相关讯息,爬梳史料变得不再旷日费时,这个时候"深度"变得更为关键,有"深度"的知识积贮才能做出适当的判断与掌握。"心量"宽、积贮多的人,在"看到相关的蛛丝马迹,则一把抓住的东西",比没有深度的人能抓住更多。譬如我读傅斯年的眉批,可以从中抓取许多具有学术意义的讯息,这是因为我长期注意傅斯年个人及其著作,有了一定的蓄积及深度。对许多没有这种旧积贮的人,即使非常聪明、灵敏,在面对一条条零散的眉批时,也可能茫茫然不知所措。

没有"深度"的生活是怎样呢?

1970年代,Oscar Lewis在《贫穷的文化》中提到:所谓"贫穷文化"是"from moment to moment"。[1] 我的

---

[1] Oscar Lewis, "The Culture of Poverty", *Scientific American* Vol. 215, No. 4(October 1966), pp. 19 - 25.

理解是因其内心中没有生命的深度、心量不足，只能从"某刻"到"某刻"，在那一刻之外没有任何时空之关联与想象。这包括过去、现在、未来的联系感。

试着从历史中获得智慧与勇气

苏洵在他的《史论》中说，当一个历史人物有"功十而过一"时，写史者为了使历史书写发挥鉴戒的作用，应该隐讳那一过。如果一个人"过十而功一"，要强调那一功而忽略十过，即所谓"直而宽"。① 年逾六旬的我，固然反对为了发挥道德教训，历史研究应该像苏洵所说的"功十而过一"或"过一而功十"，但是我也不再完全同意胡适所说的，历史是一回事，道德是一回事，政治是一回事了。我个人倾向于认为，研究历史的人，应该想想历史之真实为现实服务的面向，以及通过历史书及史事中的得失成败，以知"道"或"普遍伦理"是不是在发挥作用。如果是，那么为什么？如果不是，又是为什么？我个人认为读史应同时怀抱人类普遍性的、长远性的道德价值，它们两者应该是两座贮水塘，中间有一个通道互相灌溉。或如黄侃讲中国经学的价值：

---

① 苏洵，《史论上》，《嘉祐集笺注》，页232—233。

"然经书文采不必尽善,制度不必尽备,史事不必尽详。故治经者,不可以史事求之,不可以制度求之,不可以文采求之。惟经有制度,其制度可考;经有文采,其文采可法;经有史事,其史事可信耳。"[1] 也就是说,如果可以从历史看出伦理,那么它是有伦理意涵的;如果看得出通则,那么它是有通则的;但不能说历史即伦理,历史即科学,也就是这些是内涵的,不是外加的。

不但义理与历史是两座互相灌溉的水库,"古""今"之间也应是两座互相注水的水塘。"古"与"今"之间,不只是从古代传递下来的历史与教训,也不只是现代人对历史的阐释(或甚至是虚构)。古与今应该像两座贮水池之间互相注水,是关联呼应的。

长期以来,许多热爱知识的人便在"学问的"或"受用的"之间无所适从。以文艺复兴时期为例,格拉夫敦便注意到,当时历史有两派:一派是像西塞罗所说的是"历史作为生命的导师"(History Magistra Vitae),另一派却认为要从事严格的历史考证与历史重建。当时人文学者对后者推进甚多。这两条路有协作的可能吗?格拉夫敦认为当时有一些人文学者,便是"协作"式的,在同一个人的著作中,一方面是历史考证的,另一面是

---

[1] 尚笏、陆恩涌,《季刚师得病始末》,程千帆、唐文编,《量守庐学记——黄侃的生平和学术》(北京:生活·读书·新知三联书店,2006),页94。

修辞学的（rhetoric），或"说服学"的。如果读史是为了"扩充心量"，那么"学问的"与"受用的"之间的矛盾并不那么巨大。

我经常被问到，在 Google 等搜索引擎这么发达的时代，许多史事都可以在网络上一查而得，那么为什么还要读史？我个人以为用关键词查询是片段的，而读史是较成系统、是有机的，两者都不可或缺，但是为何知道要问"谷歌大神"某一件事，也还是要靠人们由平常阅读所获得的历史知识。如果历史成为心量中的积贮（Google、USB 也是这些积贮的一部分），那么人们便有一些本源的知识去做进一步的引申。作为一个阅读者，人们应秉持一些信念，即期待从历史中重新获得意义、智慧与勇气。譬如观察文明的兴衰，以及它们的力量。

布克哈特在 1885 年的一封信中便写道："通过不断地体验美好和伟大的往事，我们的整个精神世界能够处在安详和幸福的状态中。"[①] 除了在伟大的、美好的往事中安顿我们的精神世界外，我们也在历史中为我们的根源感、存在感、认同感找到资源，为个人生命，大大小小的社群存在找到意义感与坐标感。读史为我们提供了一些视野，一些向往，一些模糊的典型或场景，以及人生的、精神的、气氛的、态度的、品格的莫大的资粮。

---

① 雅各布·布克哈特著，金寿福译，《世界历史沉思录》（北京：北京大学出版社，2007）。该信是 John Rüsen 所写的序言中引用的。

我觉得所谓"从史中求史识",包括人类用自己的努力,在历史的变化中找出人类发挥智慧与勇气而改变历史格局的部分。汤恩比在《历史研究》第十七章中谈到许多文明是"具创造性的少数"经历过悲惨困顿的"撤离"之后,又重新"复返",在历史舞台上发光发热。以耶稣、圣保罗、佛祖、穆罕默德、马基雅维利、但丁等许多人为例,用他的话说,在这些神秘心灵、圣德、政治家、战士、史家、哲学家、诗人身上,皆可看到"退离与复返"之史例,也可以在国家、教会的历史中看到这方面的过程。他说"退离"是一个机会、必要的条件。① 我从这些实例中看到一些经由"引退",在挑战、隐藏与秘密中组建自己,后来又回到舞台上发挥极大动能及影响的例子,从中看到历史中的积极的力量。从历史中我们看到文明经常掉入"一堆狗屎"中,但又可以靠着人的智慧与勇气,把它从"狗屎堆"中救出。五代十国时,轻视文化,唯武是尚,有些武将甚至到了好食人肉,甚至不吃人肉会嘴馋的程度,史书中说连宋学前驱柳开早年也好吃炙人肝,即是显例。但后来却又借着什么样的努力逐步扭转这些恶风,成为宋代的文治政府?曾国藩如果不是经过岳州、九江、祁门三次挫折,后来如何能克复南京?意大利建国三杰之所以能振兴国

---

① Arnold Joseph Toynbee, *A Study of History* (New York: Oxford University Press, 1987), Ch. 17.

运，转危为安，亦为屡经挫折之故。孙中山的十次革命，愈挫愈勇，也是一个很好的例子。

我们固然可从历史中看到人性可怕的一面（如疯狂追随希特勒反犹太人），但也看到人的无限可能性，不断地从似乎再也没有黎明的绝望中看到人们最终又复返希望。像第二次世界大战，整个欧洲几乎全部都要被消灭在纳粹的铁蹄下，但后来盟军却又能翻转局势，取得胜利。已经残破不堪的德国、日本，人们认为它们恐怕再也站不起来，可是在战后竟浴火重生，成为新的强国。

历史上有许许多多的失败，但有些人善处失败而又得到人生的黎明。我读孙廷铨《汉史臆》这本冷僻的书，注意到他讲项羽之"常胜"及汉高祖之"善败"一段，印象特别深刻。我们知道楚汉相争的结局不是"常胜"的人得天下，而是"善败"的人收割了成功的果实，这其中有许多曲折，但这样的历史意味不是很深长吗？阅读美国内战时期林肯、格兰特及二战时期马歇尔、艾森豪威尔的传记等，发现这些人物都有一个共同点，在他们得到机会施展才华之前，都度过默默无闻，甚至失败消沉的岁月。可是一旦机会来了，他们都在短短几年之间登上整个国家甚至全世界的顶峰，左右着人类的命运。这一类的历史给了我们一种教训，也给我们一种勇气。不能总从胜利者的角度去看历史，也要试着从失败者的角度出发，否则很可能会重蹈覆辙。人在过于志得意满时往往会出现问题,曾国藩称自己的书房为"求阙斋",即是针对这类现象而发。求阙或从可能最坏的角度进行思考,也可能对历史的形成有更好的把握。以开放的心态与眼光容纳各种状况,才可以准确判断各种趋势,唯我独尊的势头及心态,是走向没落的标志,盛极而衰,或者是未曾注意的隐藏危机,这几乎是历久弥新的历史教训。

近来,我常在玩味史家吕思勉先生的一句话:"读了历史,才知道人类社会有进化的道理。"[1] 哈佛大学心理学教授史蒂芬·平克在他的《当下的启蒙:为理性、科学、人文主义和进步辩护》(*Enlightenment Now: The Case for Reason, Science, Humanism and Progress*)中透过大量的分析,试着证明人类着实在往好的方向走。如果把当下与启蒙运动之前几百年相比,可以发现全球各地平均寿命、婴儿死亡率、产妇死亡率,以及平均财富、生存威胁、平权等都是远胜于前。[2] 我并不完全同意平克的看法,但大体仍相信人类有向着人性中比较美好的一面发展的倾向。历史可以帮助我们树立希望,知道有道德的人经常能够克服困难或障碍,知道腐败政治终究要垮台。当事情可以有许多选择时,应该选择符合人道

---

[1] 吕思勉,《史学四种》(上海:上海人民出版社,1981),页44。
[2] Steven Pinker, *Enlightenment Now: The Case for Reason, Science, Humanism and Progress* (New York: Penguin Random House LLC, 2018).

及普遍价值的方向。① 读史、用史时应该时时自问，如何在抉择与行动中落实人性中比较美好的一面。

马基雅维利的《君王论》中提到，对于战败国可以有三种处置。第一种是彻底毁灭它，像罗马对迦太基的做法；第二种是战胜者常驻在新领地上实行统治；第三种是将政权交给当地少数菁英，可以使所有居民成为朋友，引用当地法律严加治理，并规定按时朝贡。② 历史中人们每每以不同方式处理这类事情。譬如苏联的Mikhail Skobelev以镇压土库曼而闻名，他便援用第一种办法。他有一句名言："和平的时间长短，决定于屠杀敌人厉害的程度。杀得愈凶，得到平静的时间愈长。"③ 这不是一个希望从历史中获得智慧与勇气的人所应该向往的。当然，人类也可能采用完全与这三种不相同的处置办法，第一次世界大战之后，对德国的处置，既不是第一种，也不是第二、第三种，而是羞辱，及无法承受的赔款，其结果是纳粹的崛起。

当然"历史的思考"中还包括教导我们人的行为有

---

① 以清季陕甘回变为例，其规模之大，互相屠杀之惨，简直不可思议。关于这个事变的原因与经过非常复杂，但在若干重要时刻，官方不恤下情，坚持要逼回民无路可走也是原因之一。
② Niccolò Machiavelli, *The Prince* (London: Penguin Group, 1999), pp. 8-11, 14-15.
③ Colin S. Gray, "Clausewitz, History, and the Future Strategic Word", in Williamson Murray, Richard H. Sinnreich eds., *The Past as Prologue: The Importance of History to the Military Profession*, p. 114.

其重大的限制：由历史了解到人不可能想做什么就做什么，也就是说人的思想与意志往往不能完全脱离现实环境的制约。认识到人不可能完全按照他的意志在他自己构作的乌托邦中任意行动，正是"历史思考"的重要部分。而且从史事中认识到历史经常是不完全合理、乖舛的，如玄武门之变中杀兄弑弟的恶人后来居然成为一代英主——唐太宗。

容我随手引一段《安越堂外集》中丁雪符的话，他说历史上许多大事都是坏人做成的：改封建为郡县的是秦始皇，韵书始于卖国弑君之沈约，进士制度始于"弑父淫母"的隋炀帝（杨广），殿试始于"淫杀"之武曌，刻书始于"无耻之长乐老"的冯道。① 历史不一定是按人类的道德理念或规律发展，这个赤裸裸的事实，当然也是历史思维的一环。此外，历史发展过程中还有许多偶然、随机、手忙脚乱的部分。历史学家每每把脉络梳理得太井井有条、太清楚，认识这一层也是"历史思考"的一个要点。

我个人倾向于认为，面对历史时，应该让人们自主、抒发，让人们进行多元化的历史书写，同时在人群之间寻求了解与和解的可能性（譬如历史上长期互相对立的国家，应该交换阅读、审视对方的历史课本）。清末民初

---

① 平步青，《安越堂外集》，收于《清代诗文汇编》第720册（上海：上海古籍出版社，2010），页412。

有一些思想家认为，当时世界上最强的国家是有民主、有议会的国家。为什么？因为这些体制让人们的意见得以表达出来，得以集各种人的聪明才智成为国家的力量。《圣经》里有一句"真理使人得自由"（约翰福音8：32），我反对政府用权力垄断历史，用国家的力量操弄历史，一旦真相暴露，对政权反而会非常不利。

且让我再回到前面所说的，"历史"与"义理"应该像两个上方有着通孔的贮水槽，两者都要足够丰盈才可能互相灌注、互相滋养，这也是前面提到的大"出""入"的道理。要"入"而有丰富的历史，"出"而与"义理"互相流注。我倾向于认为在"历史"旁边的这个"义理"的贮水槽是对自由、民主、人权、平等、良善、包容等道理的深刻体认。

历史是一种扩充"心量"之学，是一种扩充"志量"之学。"心量"包括许多，如 law, pattern, individual fact 等，多读历史、善加思考，则很多的 law、pattern 每每自然呈现出来，但它们是"可以有"，而不是"一定有"。历史是培养见识之学，见识也是一种本领。历史是一种生命存在之学，它提醒我们时时问自己"从哪里来，到哪里去"。历史是一种扩大人生视野之学；人的生活有限，史书中的世界可以帮助我们跨越个人生命与经验的局限，扩大我们的视界。历史是一种教养（bildung）之学，是一种培养"深度"之学。历史是一种培养"长程视野"之学,而"长程视野"每每能帮助人们发现许多问题的根本症结。历史是一种培养"认知复杂度"之学,而认知复杂度使我们不致掉入简化或迷执的陷阱。历史是一种乐趣之学,"乐趣"使我们不只有"生存",还有"生活"。前面所提到的,不管是长程的视野,认知的复杂度的培养,历史仿佛性的寻求,甚至某种 pattern、law 的领会,基本上是要自己去努力寻求的。"在史中求史识",这个"求"的工作是自己要去做的,正如奥古斯丁所说,"我在田中辛勤劳作,田地就是我自己",读史便是在田中辛勤劳作,而田地便是我们自己。

最后,我要再重复一下前面所说的,读史本身即是人生充实感、满足感、欢乐感的来源。希腊化时代的伊壁鸠鲁学派相传一段话:人生是一场宴席,重要的是走的时候吃饱了吗?人生这一场盛宴,在最后一刻倒不一定是要肚皮鼓胀,而是是否吃得心满意足。我个人倒是更想这样问:"当人生的宴席结束时,我们吃了多少而去?"①

---

① 三十年前,史语所的管东贵先生告诉我,他之所以决定学习历史,是因早年在一旅馆中住宿,见到柜台的登记簿上有"从哪里来?到何处去?"这两行字,而这便是历史。

乐 道 文 库

"乐道文库"邀请汉语学界真正一线且有心得、有想法的优秀学人,为年轻人编一套真正有帮助的"什么是……"丛书。文库有共同的目标,但不是教科书,没有固定的撰写形式。作者会在题目范围里自由发挥,各言其志,成一家之言;也会本其多年治学的体会,以深入浅出的文字,告诉你一门学问的意义,所在学门的基本内容,得到分享的研究取向,以及当前的研究现状。这是一套开放的丛书,仍在就可能的题目邀约作者,已定书目如下,由生活·读书·新知三联书店陆续刊行。

王汎森　《历史是扩充心量之学》

马　敏	《什么是博览会史》	朱青生	《什么是艺术史》
王　笛	《什么是微观史》	**刘翠溶**	**《什么是环境史》**
王子今	**《什么是秦汉史》**	孙　江	《什么是社会史》
王邦维	《什么是东方学》	李仁渊	《什么是书籍史》
王明珂	《什么是反思性研究》	李有成	《什么是文学》
方维规	**《什么是概念史》**	李伯重	《什么是经济史》
邓小南	《什么是制度史》	李雪涛	《什么是汉学史》
邢义田	《什么是图像史》	**吴以义**	**《什么是科学史》**

沈卫荣	《什么是语文学》	姚大力	《什么是元史》
张隆溪	**《什么是世界文学》**	夏伯嘉	《什么是世界史》
陆 扬	《什么是政治史》	徐国琦	《什么是共有历史》
陈正国	**《什么是思想史》**	唐启华	《什么是外交史》
陈怀宇	《什么是动物史》	**唐晓峰**	**《什么是历史地理学》**
范 可	**《什么是人类学》**	黄东兰	《什么是东洋史》
罗 新	《什么是边缘人群史》	黄宽重	《什么是宋史》
郑振满	《什么是民间历史文献》	常建华	《什么是清史》
赵鼎新	**《什么是社会学》**	章 清	《什么是学科知识史》
荣新江	《什么是敦煌写本学》	梁其姿	《什么是疾病史》
侯旭东	**《什么是日常统治史》**	臧振华	《什么是考古学》

（2024 年 7 月更新，加粗者为已出版）